Kursänderung

KONKRETE LITURGIE

herausgegeben von Guido Fuchs

ROBERT WEINBUCH

Kursänderung

Versöhnungswege
für Kinder, Jugendliche und Erwachsene

VERLAG FRIEDRICH PUSTET
REGENSBURG

Bibliografische Information der Deutschen Nationalbibliothek

Die Deutsche Nationalbibliothek verzeichnet diese Publikation
in der Deutschen Nationalbibliografie;
detaillierte bibliografische Daten sind im Internet über
http://dnb.d-nb.de abrufbar.

ISBN 978-3-7917-2768-4

Umschlagbild: Holzpfad durch das Hochmoor / © rcfotostock, Fotolia
Layout und Umschlaggestaltung: Martin Veicht, Regensburg
Satz: MedienBüro Monika Fuchs, Hildesheim
Druck und Bindung: Friedrich Pustet, Regensburg
Printed in Germany 2016

Diese Publikation ist auch als eBook erhältlich:
eISBN 978-3-7917-6081-0 (epub)

Weitere Publikationen aus unserem Verlagsprogramm finden Sie unter:
www.verlag-pustet.de
www.liturgie-konkret.de

INHALTSVERZEICHNIS

VORWORT 7

EINLEITUNG

I. Schuld und Versöhnung 9

II. Versöhnungswege – Formen, Ablauf und Zielgruppen 16

EIN VERSÖHNUNGSWEG FÜR KINDER

EIN HAUFEN SCHERBEN

Versöhnungsweg für Schüler der 3. bis 5. Klasse 25

STATT SCHERBEN ...

Symbol-Varianten für einen Versöhnungsweg mit Kindern 39

VERSÖHNUNGSWEGE FÜR JUGENDLICHE

WAS ICH AUF DEM KERBHOLZ HABE

Versöhnungsweg für Firmlinge/Jugendliche in der Natur 47

DEINE SÜNDEN SIND DIR VERGEBEN

Stationen für einen Versöhnungsweg mit Firmlingen/ Jugendlichen im Dorf bzw. Stadtviertel 55

ICH HABE DICH IN MEINE HAND GESCHRIEBEN

Versöhnungsweg ohne Stationen mit Briefen für Firmlinge, Jugendliche, Erwachsene 64

VERSÖHNUNGSWEGE IN DER FASTENZEIT

VERLOREN UND WIEDERGEFUNDEN

Versöhnungsweg mit den Gleichnissen Jesu 71

MEINE SCHÄTZE, DEINE SCHÄTZE, GOTTES SCHÄTZE

Bußfeier zum Abschluss eines Versöhnungsweges 78

WEISST DU, WO DER HIMMEL IST?

Versöhnungsweg für Jugendliche und Erwachsene in der Kirche 85

HOLZ-WEGE
Stationen und Impulse für einen Versöhnungsweg in der Kirche 95

ERDE, DIE TRÄGT
Stationen und Impulse für einen Versöhnungsweg in der Kirche 108

JESUS, MENSCHENSOHN
Stationen und Impulse für einen Versöhnungsweg in der Kirche 118

EIN VERSÖHNUNGSWEG IM ADVENT

ADVENTLICHE GESTALTEN
Stationen und Impulse für einen Versöhnungsweg in der Kirche 131

ANHANG

HANDREICHUNG FÜR WEGBEGLEITER AUF DEM VERSÖHNUNGSWEG 147

LIEDER UND TEXTE ZUM THEMA „HIMMEL" 149

VERWENDETE LITERATUR 151

VORWORT

„Wer von Ihnen geht regelmäßig zum Beichten?“ – Antwort: Niemand.

„Wer von Ihnen möchte, dass sein oder ihr Kind regelmäßig zum Beichten geht?“ – Antwort: Niemand.

„Warum also soll ich Ihre Kinder auf das Beichtsakrament vorbereiten?“

Diesen Dialog führte ich mit Eltern der Schülerinnen und Schüler der vierten Klasse an einem Elternabend zur Vorbereitung auf das Beichtsakrament. Zusammen mit anderen Erfahrungen (z. B. dass selbst vor Ostern oder vor Weihnachten kaum mehr jemand das Angebot einer Einzelbeichte wahrgenommen hat) setzte das anschließende Gespräch einen Prozess in Gang, an dessen Ende folgende Entscheidungen standen:

- In unserer Dorfpfarrei ohne Priester am Ort werden keine Einzelbeichten mehr angeboten; es werden keine Beichtväter „eingeflogen“. Wer beichten will, kann dies problemlos in der Nachbarpfarrei tun.
- Die „Kohortenbeichte“ in der vierten Klasse wird abgeschafft.
- Das wichtige und zentrale Thema des Glaubens „Versöhnung“ wird weiterhin in der vierten Klasse behandelt; dabei bildet nicht die Einzelbeichte den Abschluss der Katechese zum Thema Versöhnung, sondern ein sogenannter Versöhnungsweg.
- Neben Bußandachten wird ein Versöhnungsweg für Jugendliche und Erwachsene auch in der Fastenzeit angeboten; außerdem wird ein Versöhnungsweg in die Firmvorbereitung integriert.

Anzumerken ist, dass in den meisten Pfarreien der Deutschschweiz (in Übereinstimmung mit dem Lehrplan) die Vorbereitung auf das Bußsakrament nach der Erstkommunion, also in der 4. (manchmal auch erst in der 5.) Jahrgangsstufe stattfindet; in Deutschland findet die Erstbeichte vor der Erstkommunion als Teil der Erstkommunionkatechese statt.

In der Pfarrei, von der ich erzähle, hatte der Versöhnungsweg in der 4. Klasse bereits eine mehrjährige Tradition; allerdings wurde er mit einem Beichtgespräch bei einem Priester oder mit einem Seelsorgegespräch bei einem Theologen/einer Theologin abgeschlossen.

Immer wieder bemerkten dabei viele Eltern, die Viertklässler auf dem Versöhnungsweg begleiteten, dass sie den Versöhnungsweg auch für sich selbst und für ihre eigene Spiritualität als sehr wertvoll und befreiend empfunden haben, und dass sie es schade finden, „dass es so etwas Schönes nicht auch für Erwachsene gibt".

Neben Beichtsakrament und Bußandachten ermöglichen Versöhnungswege, eine Buß- und Versöhnungskultur in der Pfarrei über das Kindesalter hinaus zu pflegen.

Das vorliegende Buch will praktische Tipps für Versöhnungswege auch für Jugendliche und Erwachsene in der Pfarrei liefern und dazu motivieren, dem Thema Versöhnung über das Beichtsakrament hinaus einen größeren Stellenwert einzuräumen und seine befreiende Dimension deutlich zu machen.

Gottes Geist befreit zum Leben!

Waltenschwil, im Oktober 2015 *Robert Weinbuch*

EINLEITUNG

I. SCHULD UND VERSÖHNUNG

1. Schuld und Versöhnung in der Gesellschaft

In unserer Gesellschaft begegnet man zwei extremen Einstellungen:

Fehlen von jeglichem Schuldbewusstsein

Viele Menschen in unserer Konsum-, Leistungs- und Lustgesellschaft haben sich vom Thema Schuld und Sünde und damit auch von Versöhnung verabschiedet. Sie leben nach dem Motto: Gut ist, was gefällt, was Lust und Vergnügen bereitet oder was dem eigenen Weiterkommen, der Besitzmehrung und dem Erfolg dient. Denke positiv, setze eine freundliche und liebenswürdige Maske auf, verwirkliche dich selbst ... Die einschlägigen Ratgeber in den Bücherregalen bieten dabei durchaus wertvolle Lebenstipps an, die jedoch, isoliert betrachtet, manchmal auf Kosten anderer und oft auch auf Kosten der eigenen Lebensbalance gehen. Fehler und Schwächen sind nach Möglichkeit zu verbergen, zu verstecken und zu vertuschen. Vergehen werden solange geleugnet, bis man erwischt und überführt wird. Dass dieses Konzept recht erfolgreich ist, lernt man an der Berichterstattung über prominente Vorbilder (ein Blick in die Tageszeitung liefert hinreichend Beispiele dafür).

Leiden an schweren (irrationalen) Schuldgefühlen

Auf der anderen Seite werden viele Menschen von unerträglichen, oft irrationalen Schuldgefühlen gequält und regelrecht zerfleischt.

Die Frage „Was habe ich nur falsch gemacht?“ frisst die Seele auf, wenn z. B. eine Ehe gescheitert und die Trennung unausweichlich ist. Nicht selten geben sich die Kinder die Schuld dafür, dass sich die Eltern getrennt haben.

„Was haben wir nur falsch gemacht?“, fragen sich verzweifelte Eltern, wenn ihr Sohn oder ihre Tochter Drogen nimmt, auf die schiefe Bahn geraten ist oder sich von ihnen entfremdet und keinen Kontakt mehr mit ihnen hat.

Auch kleinere oder größere Lebenswenden, wie Schulwechsel, Arbeitslosigkeit, Erreichen des Pensionsalters, der Tod eines Partners, Umzug in eine andere Stadt oder ins Altersheim können von Schuldgefühlen begleitet werden, wenn die neue Situation nicht mehr als so befriedigend empfunden wird wie das Leben vorher.

Schuldgefühle haben die Tendenz, sich immer höherzuschaukeln und zu einem wuchernden Monster zu werden, so dass sie in keinem Verhältnis zur tatsächlichen, objektiven Schuld stehen (falls überhaupt von Schuld gesprochen werden muss).

Der Glaube der Kirche kennt Mittel und Wege, mit beiden Extremen fertig zu werden, Menschen zur Umkehr zu bewegen, aus dem Gefängnis von Schuld und Schuldgefühlen zu befreien und einen neuen Weg zum Leben zu öffnen.

2. Beichten in der Krise

Das wirkungsvollste Mittel der Kirche gegen das Böse ist das Sakrament der Buße. Doch gerade die stärkste Waffe ist seit vielen Jahren stumpf geworden; das Beichtsakrament steckt in einer anhaltenden Krise. Gründe dafür sind nicht nur gesellschaftliche Entwicklungen (Säkularisierung, Zeitgeist, „Moderne"), sondern auch der bisherige Umgang der Kirche mit Schuld und Versöhnung. So weist Bernd Jochen Hilberath darauf hin, „dass auch die herkömmliche Beichtpraxis und Bußkatechese mitverantwortlich dafür sind, dass die Zeitgenossen heute auf Distanz zu dieser konkreten Gestalt kirchlichen Bußvollzugs gegangen sind. Einseitigkeiten bei der Gewissenserforschung [...] haben häufig dazu beigetragen, dass die Bußerziehung nicht befreiend, sondern versklavend auf Menschen gewirkt hat." (Hilberath, S. 3)

Aus den möglichen Gründen für den massiven Rückgang der Beichtpraxis in vielen Pfarreien lassen sich praktische Folgerungen für Versöhnungswege (und andere Formen der Bußpraxis) ableiten.

Das Feuer der Hölle

Die Beichte wurde in der Vergangenheit missbraucht, um den Menschen Angst einzujagen: Angst vor einem strafenden Gott, Angst vor dem Feuer der Hölle, Angst vor der ewigen Verdammnis. Die befreiende Dimension (Erlösung) des Sakramentes wurde vernachlässigt. Selbst nach dem II. Vatikanum wurde Kindern bei Beicht- und Erstkommunionvorbereitungen gedroht, dass sie in die Hölle kommen, wenn sie nicht beichten, dass sie vor dem Empfang der heiligen Kommunion Wasser getrunken haben. Solche und ähnliche negative Erfahrungen tradieren sich, auch wenn man sie nicht selbst gemacht hat.

Deshalb ist es wichtig, dass Versöhnungswege befreiende und positive Erfahrungen im Umgang mit Schuld ermöglichen, die mit dem Leben von heute zu tun haben.

Mündigkeit

Ein Postulat der Aufklärung ist inzwischen zum Allgemeingut geworden: „Der vernünftig denkende Mensch kann sich durch den Gebrauch seines freien Willens die Normen seines Handelns selbst geben." (Arnold 1998, S. 51) Markus Arnold stellt fest, dass die Kirche im Hinblick auf das Bußsakrament eine Entwicklung in der westlichen Welt nicht ernst genommen hat: „Die Entwicklung von der Unmündigkeit (Heteronomie, Fremdbestimmung) zur Mündigkeit (Autonomie, Selbstbestimmung) des Menschen." (Ebd.) Auch Bernd Lutz bemerkt, dass die Beichte von vielen als „das ‚Herrschaftsinstrument' einer autoritären, lebens- und lustfeindlichen Moralinstanz" betrachtet wird. (Lutz, S. 3) Er zitiert in diesem Zusammenhang aus dem Synodenbeschluss „Unsere Hoffnung" der Würzburger Synode: „Hat die Praxis unserer Kirche nicht zuweilen den Eindruck genährt, dass man die kirchliche Schuldpredigt bekämpfen müsse, wenn man der realen Freiheit der Menschen dienen wolle? Und war so die kirchliche Praxis nicht ihrerseits am Entstehen dieses verhängnisvollen Unschuldswahns in unserer Gesellschaft beteiligt? Unsere christliche Predigt der Umkehr muss jedenfalls immer der Versuchung widerstehen, Menschen durch Angst zu entmündigen." (Synodenbeschluss „Unsere Hoffnung", S. 93) Aufgeklärte und gebildete Menschen, denen Freiheit und Selbstbestimmung wichtig sind, lassen sich das nicht gefallen. Wer den Versöhnungsweg geht, ist Sünder, aber nicht Objekt, sondern Subjekt; er macht sich auf den Weg.

Gemeinschaftsverlust

Die geschichtliche Entwicklung des Bußsakramentes zur Privatbeichte hatte zur Folge, dass der Gemeinschaftsbezug verloren gegangen ist, der beim Sakrament der Versöhnung noch bis ins Mittelalter gegeben war. Auch wenn gemeinsame Bußfeiern diesem Trend ein wenig gegensteuern wollen, wird Kirche in der Regel nicht als „Umkehrgemeinschaft" wahrgenommen; wie der Glaube ist auch der Umgang mit Sünde und Schuld ins Private abgeschoben worden. „Gegen die Privatisierung und das Verdrängen von Schuld ist es hilfreich, wenn sich die Kirche als Umkehrgemeinschaft erweist, indem sie das Thema bewusst hält (u. a. durch feste Bußzeiten) und ritualisierte Formen der Schuldverarbeitung und -vergebung (Beichte, Bußgottesdienste, Werke der Barmherzigkeit, Wallfahrten etc.) in situationsgerechter Weise anbietet und dazu motivierend einlädt. Als Umkehrgemeinschaft erweist sie sich auch, indem sie dem/der Einzelnen hilft, seinen/ihren individuellen Umkehrweg zu gehen, und ihn/sie stützt, indem sie den Sünder nicht ausgrenzt, sondern Beziehung aufrechterhält und sucht." (Lutz, S. 6)

Die Form des Versöhnungsweges kann ebenfalls dazu beitragen, die Gemeinschaftsbedeutung von Schuld und Versöhnung neu zu entdecken bzw. zu stärken, und Kirche als Umkehrgemeinschaft zu erleben.

Entwicklung zum Kindersakrament

Für viele Katholiken hat sich die Beichte zu einem einmaligen Kindersakrament entwickelt, das für das weitere Glaubensleben keine Bedeutung mehr hat oder selbst bis ins hohe Alter ein Kindersakrament bleibt: Es werden immer dieselben lächerlichen Sünden gebeichtet. Eine 90-jährige Dame bekennt bei jeder Beichte: „Ich habe genascht."

Die Liste der Probleme, die die Beichte in die Krise geführt haben, könnte noch lange weitergeführt werden. Aber schon hier wird deutlich, dass nach neuen Wegen des Umgangs mit Schuld und der Erfahrung von Versöhnung gesucht werden muss – nicht zuletzt auch deshalb, um die Krise des Beichtsakraments zu überwinden.

3. Das Bußsakrament – ein kostbarer Schatz der Kirche

Beichten befreit und hilft zum Leben

„Wer regelmäßig beichtet, braucht keinen Psychiater", sagte mir vor Jahren der Mesner meiner Heimatpfarrei. Die Beichte ist eine Möglichkeit, sich mit Gott, mit den Mitmenschen und mit sich selbst zu versöhnen. Es ist eine Form, mit sich selbst ins Reine zu kommen und die Beziehungen zu den Menschen, mit denen man das Leben teilt, zu stärken. Deshalb kann Beichten die Lebensqualität verbessern und eine echte Lebenshilfe sein.

Beichten macht sensibler für die eigenen Schwächen, aber auch für die Schwächen und Nöte anderer. Das „Erkenne dich selbst" der

Antike ist eine Voraussetzung für ein gutes Leben, für ein glückliches und erfülltes Leben, für ein Leben in Fülle, oder wie das Sprichwort sagt: „Selbsterkenntnis ist der erste Weg zur Besserung." Es hilft zu erkennen, dass man nicht perfekt ist. Das ist ungemein befreiend und entlastend. Die Stärken und positiven Eigenschaften können verbessert werden. Es gelingt eher zu sagen: „Ich bin o.k.!", und zu sich selber zu stehen, trotz Schatten, Ecken und Kanten, trotz Sünde und Schuld ein gesundes Selbstbewusstsein zu entwickeln.

Beichten kann zum Leben befreien, indem Schuld nicht verdrängt oder auf die Umstände, auf Sachzwänge oder auf andere Menschen abgeschoben wird, sondern aufgearbeitet und eine neue Art zu Leben ermöglicht wird. Die Vergebung der Sünden setzt einen neuen Anfang. Es geschieht Versöhnung mit sich selbst und mit anderen, Frieden mit Nachbarn, Freunden, Verwandten und Familienmitgliedern.

Das Bußsakrament lässt erfahren: Gott hat mich lieb! Er steht zu mir in unerschütterlicher Treue!

Diese hier geschilderten Erfahrungen sind jedoch nicht auf das Beichtsakrament beschränkt, sie können auch in anderen Formen von Bußliturgie oder in einem Seelsorgegespräch möglich sein.

Markus Arnold schreibt: „Das Bußsakrament ist nach traditioneller katholischer Lehre nur im Falle schwerer Sünden zwingend erforderlich. Sogenannte leichte Sünden werden ‚privat' gebüßt und auch vergeben. Dies geschieht in jeder Eucharistiefeier, in jedem ernsthaften Reuegebet, in jeder bewussten Hinwendung zu Gott, in welcher sein Erbarmen gesucht wird. Damit ist auch klar: Die Hochform des Bußsakramentes in der Beichte ist primär ein Sakrament für jene Erwachsene, die sich schwerer Schuld bewusst sind." (Arnold 2010, S. 33)

Die Beichte – Das Antibiotikum gegen das Böse

Beim Bußsakrament geht es um schwere Schuld, um existentielle Lebenskrisen, um wirklich schlimme Verfehlungen. In der alten Kirche waren dies hauptsächlich Glaubensabfall, Mord und Ehebruch. „Ich spreche dich los von deinen Sünden!" – mit diesen Worten eröffnet das Sakrament eine neue Dimension, die meines Erachtens mit den anderen Formen der Sündenvergebung (s. u.) nicht erreicht werden kann. Diese Dimension ist schwer zu beschreiben, es ist eine sakramentale, mystische Dimension, eine innere Gewissheit: „Gott ist ganz sicher da! Christus selbst vergibt mir ganz bestimmt die Sünden, die ich gebeichtet habe, er rettet mich aus der Gewalt von

Sünde und Schuld und befreit mich zum Leben."

Das Bußsakrament hat als Antibiotikum gegen das Böse neben den „Schnupfenmitteln und Halswehtabletten", also den anderen Formen der Versöhnung, einen wichtigen Platz im Leben der Kirche.

4. Verschiedene Formen der Sündenvergebung

Neben dem Bußsakrament haben sich in der Kirche im Laufe der Zeit vielfältige andere Formen der Sündenvergebung entwickelt (vgl. dazu Arnold 2004, S. 65–70):

- Versöhnung geschieht durch das Hören auf das Wort Gottes. In der Heiligen Schrift begegnet uns immer wieder der barmherzige Gott, der zum Leben befreit. Wer auf das Wort Gottes hört, sei es in einer liturgischen Feier oder auch beim privaten Lesen und Meditieren der Bibel, und aufrichtig bereut, dem wird Vergebung geschenkt.
- Wer bereut und versucht, seine Fehler wieder gutzumachen, wer seine „Opfergabe vor dem Altar liegen lässt" und sich zuerst mit seinem Bruder versöhnt (vgl. Mt 5,23 f), der erfährt Versöhnung.
- Versöhnung geschieht durch Gespräch, nicht nur im Beichtgespräch, sondern auch in jedem versöhnenden Gespräch, das die Bereitschaft zum Bekenntnis und zur Selbstkritik enthält.
- Durch praktizierte Nächstenliebe, in Taten der Liebe, kann man Vergebung der Sünden erlangen.
- In den Sakramenten geschieht Sündenvergebung.

Die *Taufe* macht Schluss mit Sünde und Tod und eröffnet ein bleibendes Leben in Fülle. Bei der Kindertaufe wird dies zwar nicht so deutlich; aber die (zunehmende) Taufe Erwachsener ist auch ein Abschied von einem letztlich sinnlosen „Way of Life"; man widersagt dem Bösen, und es beginnt ein neues Leben in Christus, in der Gemeinschaft der Kirche.

In der *Krankensalbung* wird die eher individuelle Sehnsucht nach Versöhnung mit Gott erfahren.

Jede *Eucharistiefeier* ist auch eine Versöhnungsfeier. Abgesehen vom Fall schwerer Sünden ist es nicht erforderlich, vor der Eucharistiefeier, insbesondere auch nicht vor der Erstkommunion, zu beichten. Denn in der Eucharistiefeier selbst geschieht Sündenvergebung, wenn wir das, was wir feiern, ernst nehmen:

„Ich bekenne Gott dem Allmächtigen …" Der Bußakt mit Besinnung, mit dem allgemeinen Schuldbekenntnis oder einem ähnlichen

Bekenntnis und mit der Vergebungsbitte ist nichts anderes als eine in die Messe integrierte „Mini-Versöhnungsfeier".

„Der Friede des Herrn sei allezeit mit euch!" Frieden ist eine Facette von Versöhnung. Das Reichen der Hände während des Friedensgrußes ist inzwischen zu einem weit verbreiteten neuen Ritual geworden. Natürlich kann er auch gedankenlos und formalistisch als leere Hülle erfolgen, aber je nach Situation kann er auch tatsächlich Versöhnung während des Gottesdienstes bewirken, wenn sich z. B. Familienmitglieder, die sich beim Sonntagsfrühstück noch gestritten haben, in der Messfeier die Hände reichen.

„Herr, ich bin nicht würdig, dass du eingehst unter mein Dach, aber sprich nur ein Wort, so wird meine Seele gesund!": Die Eucharistie ist ein zentraler Ort von Sündenvergebung im Leben der Kirche.

Ich glaube, dass Gott mir verzeiht, wenn ich in der Gottesdienstgemeinschaft meine Sünden bereue, meine Schuld bekenne und um Verzeihung bitte.

Ich glaube, dass der Friedensgruß wirksam ist, dass Christus „auf den Glauben seiner Kirche" schaut und als der Auferstandene uns Frieden und Versöhnung zuspricht.

Ich glaube, dass der Herr das eine, befreiende Wort spricht, das meine Seele gesunden lässt: „Das ist mein Leib!" Und wenn dieser Leib, das Lamm Gottes, die Sünden der Welt hinwegnimmt, dann nimmt der Empfang des Leibes Christi auch meine Sünden hinweg. Wenn ich all das nicht glauben würde, könnte ich nicht nur auf die Beichte, sondern auch auf die Eucharistiefeier verzichten.

Das Leben der Kirche ist also geprägt von vielfältigen Formen von Versöhnung und Sündenvergebung. „Das heißt nicht, dass kirchliche Gemeinschaft eine permanente Büßergemeinschaft ist, die mit hängenden Köpfen durchs Leben zieht. Das heißt, dass nebst aller Glaubensfreude und erfüllenden Erfahrungen von Gemeinschaft die Buße auch ihren Platz im kirchlichen Leben haben muss. Dieser wesentliche Aspekt kirchlichen Lebens darf nicht nur der Einzelbeichte zugeordnet und so im kirchlichen Leben marginalisiert werden, wenn nicht de facto sogar ausgegrenzt werden. Was vielmehr Not tut, ist eine vielgestaltige Buß- und Versöhnungskultur in unseren Pfarrgemeinden." (Arnold 2004, S. 70)

Versöhnungswege können dazu einen wertvollen Beitrag liefern.

II. VERSÖHNUNGSWEGE – FORMEN, ABLAUF UND ZIELGRUPPEN

1. Versöhnungswege für Schüler der 3. bis 5. Klasse

Im Religionsunterricht der deutschsprachigen Schweiz wird das zentrale Jahresthema „Versöhnung“ im Stoffplan der 4. Klasse (manchmal auch der 5. Klasse) in den meisten Pfarreien mit einem sogenannten Versöhnungsweg abgeschlossen.

Dabei handelt es sich im Prinzip um eine Form von Gewissenserforschung, die als Stationenweg gestaltet ist. Die Schüler reflektieren dabei zusammen mit einer Vertrauensperson die im Laufe des Jahres auch im Unterricht behandelten Lebensbereiche wie „Familie“, „Freizeit“, „Schule“ „Schöpfung“ und „Glauben“. Sie bitten Gott um Vergebung und nehmen sich vor, sich zu bessern und evtl. auch Schaden wiedergutzumachen.

Im Laufe der Zeit haben sich dabei verschiedene Formen entwickelt:

Start des Versöhnungsweges

Die Paare (Schüler/Begleitperson) starten zu einem festgesetzten Termin den Versöhnungsweg, so dass jeweils nach fünf (oder 10) Minuten die nächsten losgehen.

oder:

Man beginnt mit einer gemeinsamen liturgischen Feier. Die Paare werden danach zeitlich versetzt auf den Weg geschickt, oder sie dürfen die Stationen nach Belieben zusammen mit anderen Paaren anlaufen.

Ablauf des Stationenweges

Kopierte Impulse, Texte und Bilder werden an den Stationen zusammen mit Büchern, Gegenständen, Musik und zahlreichen anderen Materialien präsentiert. Sie sollen zum Nachdenken und zum Gespräch mit der Begleitperson anregen.

In manchen Pfarreien werden einzelne Stationen von „Streckenposten“ betreut; sie zeigen z. B. die Monstranz im Tresor oder spezielle Reliquien, Priestergewänder oder ähnliches, oder sie stehen zur Verfügung für eine Kirchturmbesteigung.

Die verschiedenen Stationen können in festgelegter Reihenfolge angegangen werden: Dazu legt man einen Weg mit Pfeilen oder Fußspuren, oder man legt an jede Station einen Hinweis, der den Ort der nächsten Station angibt.

Manche Versöhnungswege sind inzwischen auch so angelegt, dass sich alle Teilnehmer gleichzeitig auf den Weg machen können; einzelne Lebensbereiche werden dann durch mehrere Stationen (gleiche oder verschiedene) dargestellt, so dass eine größere Auswahlmöglichkeit besteht.

Die Impulse

Impulsfragen, die zur Gewissenserforschung anregen sollen, werden auf den Kärtchen an den Stationen des Versöhnungsweges ausgelegt. Man findet dabei manchmal Fragen aus alten Beichtspiegeln:
„Hast du gelogen?"
„Hast du gestohlen?"
„Hast du genascht?"

Ich halte solche Fragen, die einfach nur mit „Ja" oder „Nein" beantwortet werden können, meist für nicht tauglich für Versöhnungswege.

Natürlich wird man die Fragen umso direkter stellen, je jünger die Teilnehmer sind; Drittklässler haben in ihrer moralischen Entwicklung oft noch ein klares Schwarz/Weiß-, Gut/Böse-, Belohnung/Strafe-Schema, und da sind direkte Fragen oft besser als abstrakte.

Aber bereits in diesem Alter finde ich es prinzipiell sinnvoller, wenn die Fragen offen gestellt werden und Raum zum Nachdenken und Diskutieren lassen. Dabei halte ich es für hilfreich, wenn sie an einen Impuls gekoppelt sind.

Beispiel:
Der Sturz Jesu bei der Kreuzweg-Station „Jesus fällt":
- Wo fühlst du dich wie Jesus am Boden, am Ende, zerstört?
- Wo kannst du nicht mehr weiter?
- Achtest du auf Menschen, die am Boden liegen, die zusammengebrochen sind, oder ist dir das egal?

Die in diesem Buch angebotenen Impulsfragen sollten nicht einfach 1:1 übernommen, sondern vor ihrer Verwendung darauf geprüft werden, ob sie zur Zielgruppe oder zur Situation des Versöhnungsweges passen.

Die Begleitperson

Die Vorbereitung der Begleitpersonen auf ihre Aufgabe ist sehr wichtig. Diese kann im Rahmen eines Elternabends geschehen, oder – wenn es die zeitlichen und sonstigen Ressourcen zulassen – auch in einem eigenen Begleiter-Treff.

Dabei ist es sehr hilfreich, wenn an diesen Treffen auch einige Begleiter der letztjährigen Versöhnungswege ihre Erfahrungen mitteilen, vor allem, wenn das Modell „Versöhnungsweg" in der Pfarrei noch nicht fest verankert ist. Der Begleiter übernimmt beim Versöhnungsweg unter Umständen die Rolle eines informellen „Beichtvaters", bei dem das Kind/der Jugendliche seine Sünden „beichtet" (bekennt).

Für noch wichtiger als eine gute Vorbereitung halte ich eine gute Beziehung zum Begleiter, sowie die Freiheit, dass der Schüler/Jugendliche den Begleiter/die Begleiterin selbst auswählt.

Worauf beim Gespräch auf dem Versöhnungsweg zu achten ist, lässt sich aus der Handreichung ersehen, die im Anhang (S. 147 f.) angeboten wird.

Rückmeldungen von Begleitern lassen den Schluss zu, dass das gemeinsame Gehen des Versöhnungsweges die Beziehung stärkt, und bestätigen, was Anselm Grün für das Beichtgespräch schreibt: „Das Eingeständnis der Schuld gegenüber einem Menschen führt oft zur Erfahrung einer größeren Nähe und eines tieferen Verständnisses füreinander." (Grün, S. 119) Das „Think-about-Gespräch" auf dem Versöhnungsweg kann auch dann befreiend sein, wenn es nicht mit einem „Versöhnungs-Profi" geführt wird, sondern einfach mit einem Menschen, dem ich vertraue.

„Sich der eigenen Schuld zu stellen, gehört zur Würde des Menschen." (Grün, S. 118) Die Aufgabe des Begleiters ist, seinen Schützling dabei zu helfen, er wird zu einem sprechenden Gewissensspiegel; und dieses Gespräch soll befreiend, stärkend, motivierend und wahrhaftig sein.

Ich bin überzeugt, dass dann noch ein anderer – Jesus Christus – mitgeht, wenn sich die Gesprächspartner ehrlich auf einen Versöhnungsweg einlassen und Gott ihr Leben mit den Schattenseiten und auch mit den Lichtblicken hinhalten. „Ich kann Gott nur die Schuld hinhalten, die ich bewusst anschaue und in der ich auf meine eigene Wahrheit gestoßen bin. Dieses bewusste Wahrnehmen und Durchschauen meiner Schuld auf die dahinterliegenden Konflikte ist die Leistung, die ich erbringen muss. Die Vergebung ist Gottes

Geschenk. Sie ist nicht verdient oder erkauft. Aber ich kann dieses Geschenk nur annehmen, wenn ich Gott meine leeren Hände und in meinen Händen meine eigene Wahrheit hinhalte." (Grün, S. 122)

Der Abschluss des Versöhnungsweges

Für den Abschluss des Versöhnungsweges gibt es verschiedene Varianten:

- Der Versöhnungsweg schließt mit einem kurzen Beichtgespräch bei einem Priester ab; es erfolgt die sakramentale Lossprechung.
- Abschluss durch ein Seelsorgegespräch mit deprekativer Bitte um Vergebung: Das Kind/der Jugendliche redet mit dem vertrauten Seelsorger/der vertrauten Seelsorgerin, sie beten miteinander und bitten Gott um Vergebung und um einen neuen Anfang. Bei dem Seelsorgegespräch kann auch die Begleitperson dabei sein (es findet dann zu dritt statt), in manchen Pfarreien ist dies auch dann der Fall, wenn der Versöhnungsweg mit der Beichte (s. o.) abgeschlossen wird.
- Eine deprekative Bitte um Vergebung kann auch direkt in die letzte Station des Versöhnungsweges eingebaut werden; die „Lossprechung" erfolgt dann integriert in die Beziehung Kind/Jugendlicher – Begleitperson.
- Abschluss durch einen Gruppengottesdienst: Die Begleitpersonen sowie Familienmitglieder, Freunde, Angehörige und weiteren Eingeladenen beten und feiern zusammen mit den Kindern/Jugendlichen, sie bitten Gott um Vergebung und danken ihm für seine Barmherzigkeit.
- Eine schöne Form der Lossprechung erlebte ich bei einem Versöhnungsweg mit Firmlingen: Im abschließenden Gottesdienst kamen die Firmlinge zum Weihbischof, der etwas abseits in der Kirche stand (Diskretion!, „Beichtgeheimnis") und sagten ihm ihren Vorsatz; der Bischof gab daraufhin jedem einzeln die sakramentale Lossprechung. Eine ähnliche Variante beschreiben Christian Nuener und Martin Lesky für eine Versöhnungsfeier mit Firmgruppen oder Schulklassen. (Nuener/Lesky, S. 58–70)
- Abschluss durch einen Gottesdienst mit der ganzen Pfarrei: Dies ist gut möglich, wenn beispielsweise am Samstagmorgen/-nachmittag der Versöhnungsweg stattfindet und am Abend die Erlebnisse vom Morgen im Pfarrgemeindegottesdienst integriert werden; einzelne Stationen können noch aufgebaut sein, aufgeschriebene Gedanken und Kreatives, das auf dem Versöhnungs-

weg entstanden ist, kann in die Liturgie eingebracht werden. Die Bitte um Vergebung sowie ein Versöhnungsritual kann im Bußakt erfolgen. In dieser Form kommen der Gemeinschaftsbezug und die Beziehung von Versöhnung und Sündenvergebung zur Kirche wohl am deutlichsten zum Ausdruck.

Die hier für Schülerversöhnungswege skizzierten Gedanken zu Start, Ablauf, Impulsen, Begleitpersonen und Abschluss können auch an Versöhnungswege für Jugendliche und Erwachsene adaptiert werden.

Ein Beispiel für einen Schülerversöhnungsweg findet sich auf den Seiten 25ff.

2. Versöhnungswege für Jugendliche und Erwachsene

In der Firmvorbereitung, in der kirchlichen Jugendarbeit (z. B. Fastenzeit), in Glaubensseminaren, an Besinnungstagen, bei Ehevorbereitungskursen und überall dort, wo Menschen mit dem Thema Schuld und Versöhnung in Berührung kommen, können Versöhnungswege angeboten werden. Der Ablauf entspricht weitestgehend dem der Versöhnungswege für Kinder (vgl. S. 16ff.).

Marianne Brandl spricht in ihrem Artikel über „Versöhnungswege in der Firmvorbereitung“ von „Think-about-Touren“. Das vorgestellte Modell beinhaltet auch einen Stationenlauf: „Der etwa halbstündige Weg bietet den Jugendlichen eine persönliche Auseinandersetzung mit Lebensthemen und Grenzerfahrungen, die ihnen vertraut sind. Die Konfrontation mit der biblischen Botschaft und ihrer Ausdeutung [...] regen an, das eigene Handeln auch im Lichte Gottes zu sehen.“ (Brandl, S. 42)

Versöhnungswege für Jugendliche (und Erwachsene) sind „Think-about-Touren“: über das eigene Leben nachdenken, über Grenzen und Möglichkeiten, über Gefühle und Einstellungen, über Beziehungen zu Gott, zu den Menschen, zur Welt.

Wenn sie im „Modus der Autonomie“ stattfinden, also Freiheit, Mündigkeit, Selbstbestimmung und Eigenverantwortung berücksichtigen, können Versöhnungswege nicht nur jungen, sondern auch erwachsenen Menschen helfen, das eigene Leben zu meistern. Die Versöhnungsweg-Geher bleiben dabei Subjekte des eigenen Glaubensvollzugs.

Dieses Subjekt-Sein muss auch gewährt sein, wenn mit dem Versöhnungsweg noch ein Glaubens-/bzw. Beichtgespräch verbunden ist. „Unschätzbar ist dabei die Erfahrung, dass es im Sakrament der Versöhnung nicht um festgelegte Rituale und heteronome Inhalte geht, sondern um ein gut begleitetes, sehr persönliches und die Jugendlichen stärkendes Gespräch über persönliche Grenzen und Schuld, bei dem – niederschwellig und trotzdem in ganz verdichteter Weise – Gott mit ins Spiel kommt." (Brandl, S. 44)

Versöhnungswege können nicht nur durch die Gespräche, sondern auch durch die Impulse an den Stationen Menschen die Erfahrung machen lassen: Gott hat ja etwas mit meinem Leben zu tun! Er nimmt mich an, auch in meinen Grenzen und mit meiner Schuld, und er kann mir helfen, mein Leben zu meistern.

Für die Gespräche und für den Versöhnungsweg gilt: „Der Erfolg des Versöhnungstages steht und fällt – wie jegliche Jugendarbeit – mit dem personalen Angebot." (Brandl, 42)

Versöhnungswege für Jugendliche und Erwachsene sollten ein spirituelles Angebot sein, das weitgehend auf (Ver-)Urteilen verzichtet und die geschwisterliche, barmherzige, heilende und befreiende Dimension von Versöhnung betont und den richtenden Gott in erster Linie als den Gott versteht, der zum Leben befreit. (Vgl. Joh 3,17)

Die Gegenstände, Impulse und kreativen Elemente sollen den Versöhnungsweg-Gehern dabei helfen, in die Tiefe zu gehen, sich in einer Weise dem eigenen Ich (negative und positive Seiten) zu stellen, die mit dem Leben zu tun hat, die nicht nur den Intellekt anspricht und die vor allem die befreiende Dimension von Vergebung/Versöhnung erfahrbar macht. Sie können einen Beitrag dazu leisten, dass Versöhnung erlebt, erfahren, gespürt wird.

Drei Versöhnungswege mit Firmlingen bzw. Jugendlichen finden sich auf den Seiten 47–68.

3. Über einen längeren Zeitraum installierte Versöhnungswege

Seit jeher sind die vierzig Tage vor Ostern eine Zeit der Buße und Versöhnung. Es ist deshalb sinnvoll, einen Versöhnungsweg für Erwachsene in diese Zeit zu legen. Hubert Lenz hat für die Fastenzeit einen neuen „pfarrlichen Weg der Umkehr, Buße und Versöhnung" entwickelt, in dem auch wirklich Umkehr, Buße und Versöhnung stattfinden. Er plädiert für verschiedene Formen der Sündenvergebung, die den Gemeinschaftsaspekt nicht ausblenden und einen Wegcharakter haben: „Eine neue Form sollte unbedingt einen Wegcharakter haben und nicht nur auf eine kurze liturgische Feier beschränkt sein. Umkehr, Buße und Versöhnung brauchen Zeit." (Lenz, S. 174)

Zeit – das ist ein großer Vorteil eines fest installierten Versöhnungsweges (z. B. in der Kirche). Wer ihn geht – allein, zu zweit oder in einer kleinen Gruppe –, kann sich so viel Zeit nehmen wie er braucht. In unsere Kirchen kommen („verirren sich"?) immer wieder Menschen, die keine Gottesdienste mehr besuchen. Von manchen habe ich schon viele dankbare Rückmeldungen über einzelne Stationen von Versöhnungswegen bekommen.

Versöhnung braucht Zeit! In einem Bußgottesdienst ist diese oft nicht ausreichend vorhanden, auch wenn er mehr als eine Stunde dauert. Hubert Lenz bemerkt zu Recht: „Vor allem das große Problem ist, dass man im Bußgottesdienst innerhalb kürzester Zeit mit einer Fülle von Fragen bombardiert wird. Wenn ich über die eine oder andere Frage nachdenken möchte oder sollte, kommt schon die nächste. Ob da viel Umkehr, Buße und Versöhnung stattfindet?" (Lenz, S. 173) In der Beichte geht es übrigens noch kürzer: Manche sind in weniger als fünf Minuten fertig.

In den letzten Jahren blieb der Versöhnungsweg in unserer Gemeinde während der ganzen Fastenzeit vom Aschermittwoch bis zum Dienstag vor Ostern stehen.

Er wird mit einer liturgischen Feier eröffnet (man kann auch den Aschermittwochs-Gottesdienst entsprechend gestalten oder den Sonntagsgottesdienst am ersten Fastensonntag) und mit dem Bußgottesdienst am Dienstag vor Ostern abgeschlossen. Diese Gottesdienste sind so konzipiert, dass sowohl Personen, die den Versöhnungsweg gehen wollen bzw. gegangen sind, als auch diejenigen, die dies nicht tun, von der Liturgie angesprochen werden. (Vgl. den Bußgottesdienst S. 78–84 zum Abschluss des Versöhnungsweges zum Thema „Gleichnisse Jesu".)

Ein interessanter Nebeneffekt dieser Form war, dass sich Menschen, die nie an einem Pfarreigottesdienst teilnehmen, aber immer wieder einmal die Stille der leeren Kirche aufsuchen, sich bei mir für die schönen Impulse bedankt haben.

Auf den Seiten 71–128 finden sich fünf solcher Versöhnungswege für die Fastenzeit und auf den Seiten 131–143 ein Versöhnungsweg für den Advent.

EIN VERSÖHNUNGSWEG FÜR KINDER

EIN HAUFEN SCHERBEN

VERSÖHNUNGSWEG FÜR SCHÜLER DER 3. BIS 5. KLASSE

Vorbereiten

Station 1

- Plakat mit der Aufschrift: Station 1 – Mein Scherbenhaufen
- Ein großes Tuch oder eine stabile Folie
- Blumentöpfe aus Ton
- Ein großer Stein
- Impulskarten

Station 2

- Plakat mit der Aufschrift: Station 2 – Mein Erbe
- Kopierte Mandalas (ca. 15 cm Durchmesser)
- Impulskarten

Station 3

- Plakat mit der Aufschrift: Station 3 – Meine Lebensspirale
- Ein langes Seil
- Eine Kerze
- Ein Tuch
- Impulskarten

Station 4

- Plakat mit der Aufschrift: Station 4 – Meine Familie
- Ein schön gedeckter Tisch mit Teller, Besteck, Glas, Blumen, Kerze
- Buntstifte
- Impulskarten

Station 5

- Plakat mit der Aufschrift: Station 5 – Meine Freizeit
- Spiele, Fußball, Gameboy, Karten, Würfel, Frisbee-Scheibe, Federballschläger …
- Wanderschuhe, Laubsägearbeit …
- Buntstifte
- Impulskarten

Station 6

- Plakat mit der Aufschrift: Station 6 – Meine Zeit in der Schule
- Schulutensilien wie Heft, Taschenrechner, Lineal, Schulbuch, Arbeitsblätter …
- Buntstifte
- Impulskarten

Station 7

- Plakat mit der Aufschrift: Station 7 – Meine Beziehung zur Schöpfung
- Fotos, Postkarten, Kalenderbilder von Tieren, Pflanzen, Landschaftsaufnahmen
- Buntstifte
- Impulskarten

Station 8

- Plakat mit der Aufschrift: Station 8 – So ist Versöhnung
- Kopien des Lieds „So ist Versöhnung – Wie ein Fest nach langer Trauer“ (s. www.songtexte.com)
- Kärtchen mit der Beschriftung: „Versöhnung ist wie …, weil …“
- Korb oder Schachtel
- Buntstifte
- Impulskarten

Station 9

- Plakat mit der Aufschrift: Station 9 – Mein Glaube
- Rosenkranz, Heimosterkerze, Weihwasser, Taufutensilien, Schale mit (nicht konsekrierten) Hostien, Erstkommunionkreuz, Gesangbuch, Heiligenbildchen oder Heiligenstatue …
- Ein Plakat mit der Darstellung des barmherzigen Vaters/des verlorenen Sohns (z. B. von Sieger Köder)
- Eine Bibel
- Buntstifte
- Impulskarten

Station 10

- Plakat mit der Aufschrift: Station 10 – Bitte verzeih mir
- Reuegebet (s. S. 36) und Dankgebet (s. S. 37 f.)
- Impulskarten
- Schokoladenherzen

STATION 1 – MEIN SCHERBENHAUFEN

Präsentation

- Im Freien auf Steinboden oder Asphalt liegt ein großes Tuch bzw. eine stabile Folie, worauf man Ton-Blumentöpfe zerschmettern kann. Mitten auf der Folie liegt ein großer Stein.

Impuls und Aktion

Nimm einen Blumentopf.
Überlegt miteinander:
Was kann man damit machen?
Wirf jetzt den Topf auf den Stein am Boden, so dass er zerspringt.
Nimm eine große Scherbe von deinem Topf mit auf den Versöhnungsweg.

Denk nach:
Nicht nur Dinge wie der Blumentopf gehen zu Bruch.
Manchmal geht auch in unserem Leben etwas kaputt.
Manchmal kann man nichts dafür,
manchmal ist man schuld,
man hat gesündigt.

Die Scherbe soll dir helfen,
auf dem Versöhnungsweg
über deine Sünden nachzudenken.

Nimm die Scherbe mit und geh zur nächsten Station!

STATION 2 – MEIN ERBE

Präsentation

- Ein Korb mit verschiedenen kopierten Mandalas. Die Mandalas werden an den folgenden Stationen ausgemalt.

Impuls

Jesus erzählt:
Ein Mann hatte zwei Söhne. Eines Tages sagte der jüngere zu ihm: „Vater, ich will jetzt schon meinen Anteil am Erbe ausbezahlt haben."
Da teilte der Vater sein Vermögen unter ihnen auf.

Nur wenige Tage später packte der jüngere Sohn alles zusammen, verließ seinen Vater und reiste ins Ausland.

Nimm ein Mandala aus dem Korb.
Dieses Mandala steht für dein Leben.
Es soll dir helfen, das Gute in deinem Leben zu erkennen.
Schau dir das Mandala an, schau dir dein Leben an!

- Was gefällt dir an dir? Was kannst du gut?
- Welche Talente, Fähigkeiten und guten Eigenschaften, welches „Erbe“ hat dir Gott geschenkt?

Gott hat dir ein reiches Erbe geschenkt und lässt dir Freiheit, Gutes zu tun oder Böses.
Er schaut dich voll Liebe an.

Er geht den Weg mit dir.

Nimm das Mandala mit auf dem Versöhnungsweg!
An einigen Stationen wirst du Farbstifte finden, mit denen du an deinem Lebensmandala malen darfst.

STATION 3 – MEINE LEBENSSPIRALE

Präsentation

- Auf dem Boden ist mit einem Seil eine Spirale gelegt (festkleben!). In der Mitte der Spirale steht eine Kerze auf einem Tuch, daneben liegen die Impulskarten; für den Rückweg durch die Spirale werden Gebets-Kärtchen aufgestellt.
- Ein Stuhl kann den Eingang ins „Labyrinth“ markieren.

Am Start

Meine Lebensspirale
Geh langsam durch die Spirale bis in die Mitte zur Kerze.
Lies dann, was auf der Karte steht.

Impuls
Meine Schuld-Scherbe
Die Scherbe, die du am Anfang bekommen hast,
ist deine Schuld-Scherbe.
Sie soll dir auf dem Versöhnungsweg dabei helfen,
dich an das zu erinnern,
was in deinem Leben nicht so gut läuft.

Wenn du die Scherbe drückst, (vorsichtig! verletze dich nicht!)
legst du eine deiner Sünden in die Scherbe.

Nimm die Scherbe mit auf dem Versöhnungsweg.
Geh durch die Spirale zurück
und lies auf dem Rückweg das Gebet auf den vier Karten.

Gebetskärtchen
1. Guter Gott, ich spüre die Scherbe in meiner Hand.

2. Manchmal bin ich wie diese Scherbe: kalt, kantig, herzlos, hart, oder auch schlecht gelaunt und gleichgültig.

3. Alle Menschen haben Fehler, ich auch.
   In meinem Leben ist manches zerbrochen.

4. Ich gehe mit dieser Scherbe in der Hand den Versöhnungsweg.
   Bitte, lieber Gott, geh du mit!

STATION 4 – MEINE FAMILIE

Präsentation
- Mit Teller, Besteck, Gläsern, Blumen, evtl. mit einer Kerze ist ein Tisch schön gedeckt.
- Als Ort eignet sich z. B. die Küche im Pfarreiheim.
- Bunte Stifte für das Mandala liegen bereit.

(Wenn man den Versöhnungsweg in der Kirche macht, kann man die Stationen auch auf Brettern präsentieren, die zwischen die Bänke gelegt werden; Tücher auf die Bretter legen!)

Impuls

Es ist schön, eine Familie zu haben.
Aber manchmal ist das Zusammenleben nicht einfach.
Gott will, dass die Menschen in Frieden zusammenleben, dass sie einander glücklich machen, dass sie eine gute Gemeinschaft bilden.
Aber manchmal klappt das einfach nicht.

Schau auf die Scherbe und überlege:

- Bin ich den Eltern dankbar, weil sie für mich da sind?
- Sage ich auch einmal danke?
- Helfe ich bei Arbeiten, die ich machen kann?
- Nehme ich Rücksicht, wenn zum Beispiel jemand in der Familie krank ist?
- Gebe ich mir Mühe, dann zu Hause zu sein, wann es die Eltern sagen?
- Wie bin ich zu den Geschwistern?
- Kann ich gut mit ihnen spielen, oder werde ich wütend?
- Kann ich teilen, oder denke ich nur an mich?

Vielleicht kommt dir noch etwas ganz anderes in den Sinn,
was nicht gut gegangen ist.
Drücke für alles, was dich belastet, deine Schuldscherbe,
und lege so deine Sünden in sie hinein.

Schau auf das Mandala!
Denke auch daran,
was du im Zusammenleben in der Familie gut machst,
wo eure Gemeinschaft schön ist,
wo du anderen Freude machst.

Schau auf das Mandala!
Denke auch daran,
was du in deiner Freizeit gut machst,
was du gut kannst,
wo du glücklich bist und Freude hast.

Male fünf Flächen deines Mandalas mit den Farbstiften aus!

STATION 5 – MEINE FREIZEIT

Präsentation

- Auf einem Tuch liegen Spiele, Fußball, Gameboy, Karten, Würfel, Frisbee, Federballschläger etc., oder auch Wanderschuhe, Laubsägearbeit, etc.
- Als Ort eignet sich z. B. der Billard-Tisch im Jugendraum.
- Bunte Stifte für das Mandala liegen bereit.

Impuls

Freizeit ist für viele die schönste Zeit.
Wir alle brauchen sie zur Erholung und um mit Freunden oder Freundinnen zusammen sein zu können.

Schau auf die Scherbe und überlege:

- Wie sieht deine Freizeit aus?
- Macht dir deine Freizeit Spaß oder hast du so viele Abmachungen, dass aus der Freizeit Stress wird?
- Bist du beim Spielen fair?
- Dürfen die anderen mitspielen, oder werden einige ausgeschlossen?
- Kannst du auch verlieren, oder wirst du wütend und verdirbst so den anderen die Freude?
- Sitzt du viel zu viel vor dem Fernseher oder am Computer?

Vielleicht kommen dir noch andere Fehler in den Sinn.
Drücke für alles, was dich belastet, deine Schuldscherbe,
und lege so deine Sünden in sie hinein.

Schau auf das Mandala!
Was macht dich in der Freizeit glücklich?
Was tust du gerne?
Male fünf Felder deines Mandalas aus.

Aktion

(falls es die Möglichkeit dafür gibt)
Du darfst mit deinem Begleiter/deiner Begleiterin fünf Minuten Tischfußball/Tischtennis/Billard … spielen.

STATION 6 – MEINE ZEIT IN DER SCHULE

Präsentation

- Auf einem Tisch liegen Schulmaterialien: Heft, Taschenrechner, Lineal, Schulbuch, Arbeitsblätter (gut ist, wenn man vom Klassenlehrer aktuelles Material bekommt).
- Bunte Stifte für das Mandala liegen bereit.

Impuls

Einen großen Teil deiner Zeit verbringst du in der Schule.
Deshalb ist es wichtig, dass du dich wohl fühlst und dazu beiträgst, dass auch deine Mitschüler und Mitschülerinnen sich wohl fühlen können, dass ein gutes Klima in der Klasse herrscht.

Schau auf die Scherbe und überlege:

- Kann man sich auf dich verlassen?
- Hast du Geduld mit denen, die langsamer sind als du?
- Bist du schadenfroh, wenn andere schlechte Noten haben?
- Bist du neidisch, wenn andere besser sind als du?
- Machst du deine Hausaufgaben sauber?
- Bist du ehrlich zu deinen Mitschülern?
- Störst du dauernd den Unterricht?
- Hast du anderen etwas weggenommen oder kaputt gemacht?
- Wie redest du über andere? Gut oder schlecht?
- Wie verhältst du dich gegenüber deinem Lehrer?

Vielleicht kommen dir noch andere Fehler in den Sinn.
Drücke für alles, was dich belastet, deine Schuldscherbe,
und lege so deine Sünden in sie hinein.

Schau dein Mandala an!
Was ist schön und gut in der Schule?
Male fünf Felder vom Mandala aus.

STATION 7 – MEINE BEZIEHUNG ZUR SCHÖPFUNG

Präsentation

- Viele Schöpfungsbilder liegen auf: Postkarten, Kalenderbilder, Fotos etc. mit Tieren, Pflanzen und schöne Landschaftsaufnahmen.
- Bunte Stifte für das Mandala liegen bereit.

Impuls

Gott hat die wunderbare Welt gemacht, mit Pflanzen und Tieren, Bergen und Wäldern, Wiesen und Gewässern.
Er will, dass die Menschen für die Natur Sorge tragen und die Schöpfung bewahren.

Schau auf die Scherbe und überlege:

- Kannst du dich an den Wundern der Natur freuen?
- Hast du Tiere gequält oder gedankenlos Pflanzen ausgerissen?
- Hast du die Umwelt verschmutzt, weil du deinen Müll liegen gelassen hast?
- Hilfst du mit beim Energiesparen (zum Beispiel: Licht in deinem Zimmer löschen, Fernseher ausmachen)?
- Sorgst du für dein Haustier (wenn du eines hast) und übernimmst du Verantwortung?

Vielleicht kommen dir noch andere Fehler in den Sinn.
Drücke für alles, was dich belastet, deine Schuldscherbe, und lege so deine Sünden in sie hinein.

Schau dir die Bilder an!
Denke auch an schöne Naturerlebnisse,
an Begegnungen mit Tieren,
die du ganz persönlich hattest.
Denk daran:
Du bist ein Teil der Natur,
du bist ein Teil der Erde.

Schau dein Mandala an!
Male mit dem Stift fünf Flächen aus.

STATION 8 – SO IST VERSÖHNUNG

Präsentation

- Kopien des Versöhnungsliedes „So ist Versöhnung – Wie ein Fest nach langer Trauer“ liegen auf, ebenso Kärtchen mit folgender Beschriftung:
  „Versöhnung ist wie ..., weil ...“
- Für die beschrifteten Kärtchen ein Körbchen bereitstellen.
- Bunte Stifte für das Mandala liegen bereit.

Impuls

Wir haben das Versöhnungslied schon oft gesungen.
Lies den Liedtext in Ruhe durch.
Sprich mit deinem Begleiter oder deiner Begleiterin darüber.
Nimm ein Kärtchen und ergänze den Satz „Versöhnung ist wie ...“ und schreibe eine Begründung dazu.
Dein Begleiter darf dir dabei helfen.
Lege dann das Kärtchen in den Korb.

Hier ein Beispiel	Versöhnung ist wie ... ein Schlüssel im Gefängnis, weil ... ich mich dann frei und glücklich fühle und eine Tür aufgeht zu meinen Mitmenschen.

Hinweis

Die ausgefüllten Kärtchen können für den abschließenden Versöhnungs-Familiengottesdienst verwendet werden.

STATION 9 – MEIN GLAUBE

Präsentation

- Glaubens-Utensilien sind auf einem Tuch präsentiert: Rosenkranz, Heimosterkerze, Weihwasser, Taufutensilien, Schale mit (nichtkonsekrierten) Hostien, Erstkommunionkreuz, Gesangbuch, Heiligenbildchen-/Statue; gut sind auch Gegenstände, welche die Kinder bereits aus dem Religionsunterricht kennen.
- Ein Plakat/eine Darstellung vom barmherzigen Vater/verlorenen Sohn (z. B. von Sieger Köder); eine Bibel mit Merkzettel bei Lk 15,11–32.
- Bunte Stifte für das Mandala liegen bereit.

Impuls

Der Sohn hatte sein ganzes Geld verschleudert und musste unter den Schweinen leben. Da kam er zur Besinnung:
Ich will zu meinem Vater gehen und ihm sagen:
Vater, ich bin schuldig geworden an Gott und an dir.
Er machte sich auf den Weg und ging zurück zu seinem Vater. Der erkannte ihn schon von Weitem. Voller Mitleid lief er ihm entgegen, fiel ihm um den Hals und küsste ihn.
„Mein Sohn war tot, jetzt lebt er wieder.
Er war verloren, jetzt ist er wiedergefunden."
Und sie begannen, ein fröhliches Fest zu feiern.

Schau dir das Bild an!

Wenn du gerne liest, dann lies in der Bibel die ganze Geschichte von den zwei Söhnen.

Gott ist wie der barmherzige Vater in der Geschichte.
Er hat dir dein Leben geschenkt.
Er hat dich lieb,
und er möchte, dass du froh und glücklich bist.

Schau auf die Scherbe und überlege:

- Wie wichtig ist Gott in deinem Leben?
- Sprichst du mit ihm und erzählst du ihm von dir? (Man nennt das Beten!)
- Hast du zu Gott Vertrauen?
- Machst du gut im Religionsunterricht mit, um so immer mehr über Gott und Jesus zu erfahren?
- Sagst du Gott „Danke" für alles Schöne im Leben?
- Gott lädt dich ein, am Sonntag immer wieder den Gottesdienst mitzufeiern. Nimmst du seine Einladung an oder ist alles andere für dich wichtiger?
- Machst du bei den Angeboten der Pfarrei mit?

Drücke für alles, was du in deinem Glaubensleben nicht so gut machst, deine Schuldscherbe, und lege so deine Sünden in sie hinein.

Schau auf das Mandala!

Vergiss niemals:
Du bist Gottes geliebtes Kind. Er lässt dich nie im Stich!
Denke auch daran, wo du gut glauben kannst!
Male das Mandala fertig aus, oder nimm es mit nach Hause zum Ausmalen.

STATION 10 – BITTE VERZEIH MIR

Präsentation

- Vor dem Altar in der Kirche stehen auf einem Tuch eine Osterkerze und ein Kreuz.
- Etwas abseits, aber noch in Reichweite, ein Tischchen mit Kopien des Dankgebetes und ein Teller mit Schokoladenherzen.
- Evtl. zwei Kniekissen auf Altarstufen mit dem Reue-Gebet.

Reue-Gebet

Guter Gott!
Ich möchte gut sein. Ich möchte tun, was du willst.
Ich möchte den anderen helfen.
Ich habe es nicht immer fertig gebracht.
Bitte verzeih mir!

Guter Gott!
Du hast mir so viel Schönes geschenkt.
Ich möchte dankbar sein.
Leider habe ich viel zu viel an mich selbst gedacht.
Bitte verzeih mir!

Guter Gott!
Ich habe Böses angestellt
und kann nicht alles gut machen.
Bitte verzeih mir und hilf mir,
den anderen Menschen
deine Liebe zu zeigen.
Amen.

Impuls

Bete das Reue-Gebet, dein Begleiter/deine Begleiterin darf mitbeten.
Lege dann deine Schuldscherbe vor das Kreuz auf dem Tuch.

Im Gottesdienst um … Uhr sind wir mit der ganzen Pfarrei eingeladen, Gott dafür zu danken,
dass er uns mit sich versöhnt.
Wir denken daran:
Gott nimmt die Schuld von uns und schenkt uns einen neuen Anfang.

Wenn du jemandem wehgetan hast, geh zu ihm oder zu ihr und entschuldige dich.
Manchmal genügt ein Händedruck, ein „Verzeih mir", ein „Es tut mir leid", oder: „Sei mir nicht mehr böse!"

Nimm hier zwei oder drei Schokoladenherzen und bring sie bald jemandem, mit dem du dich versöhnen willst.
Ein Herz darfst du zusätzlich für dich mitnehmen!
Auch dein Gesprächspartner darf sich eines nehmen!

Wenn du die Scherbe abgelegt
und die Schokoladenherzen genommen hast,
dann bete das Dankgebet auf dem Kärtchen.
Das Mandala und das Gebet darfst du mitnehmen.

Das Mandala soll dich immer wieder ermutigen,
über dein Leben nachzudenken,
was gut ist, und was dir Mühe bereitet.
Es soll dich auch daran erinnern,
dass du den Versöhnungsweg gegangen bist,
und dass du auch in Zukunft
immer wieder zu Gott umkehren darfst.

Denn wie der Vater den verlorenen Sohn liebt,
so hat dich Gott lieb,
und er schenkt dir immer wieder Versöhnung.

Dank-Gebet
Lieber Gott!
Danke, dass du mir meine Sünden und Fehler vergibst.
Danke, dass du mich wieder mit dir versöhnst.
Weil du mir verzeihst,
kann ich wieder froh und glücklich sein.

Du hast Freude an Menschen,
die wie Jesus Liebe und Güte
in diese Welt bringen.
Das möchte ich in den kommenden
Tagen auch versuchen.
Bitte hilf mir dabei und begleite mich.
Amen.

Variante

Statt Schokolade werden verschiedene Blumen, z. B. Primeln präsentiert, die man auch in den Garten einpflanzen kann.

Am Anfang war der Scherbenhaufen.
Aber Gott kann auch aus den Scherben Leben wachsen lassen. Zum Zeichen dafür darfst du dir eine Blume aussuchen und mitnehmen. Vielleicht pflanzt du sie im Garten oder in einen Blumentopf ein …

Beim Ausgang der Kirche

Hier ist dein Versöhnungsweg zu Ende.
Nimm das Weihwasser, das dich an die Taufe erinnert,
und mache damit das Kreuzzeichen:

Gott segne dich
und behüte dich
und gebe dir seinen Frieden!

STATT SCHERBEN ...

SYMBOL-VARIANTEN FÜR EINEN VERSÖHNUNGSWEG MIT KINDERN

SYMBOL: KERBHOLZ

Präsentation

- An der ersten Station bekommt man keine Scherbe und kein Mandala, sondern einen Holzstab.
- Hölzer und Stifte bereitlegen.

Impuls

Im Mittelalter, als nur wenige Menschen lesen und schreiben konnten, wurden die Geldschulden auf ein sogenanntes Kerbholz geritzt. Davon kommt der Ausdruck „etwas auf dem Kerbholz haben“, was bedeutet: „sich schuldig gemacht haben“.
Statt: „Ich habe gesündigt“, kann man also auch sagen: „Ich habe etwas auf dem Kerbholz.“

Nimm dir einen Stab aus dem Korb.
Er ist jetzt dein ganz persönliches Kerbholz auf dem Versöhnungsweg.
Es soll dir dabei helfen,
dich an das zu erinnern,
was in deinem Leben nicht so gut läuft.

Wenn du einen Strich auf dein Kerbholz zeichnest,
kommt eine deiner Sünden in das Holz.
Nimm dein Kerbholz und einen Stift mit auf den Versöhnungsweg.

Gebet in der „Lebensspirale“

1. Guter Gott,
   ich trage mein Kerbholz in meiner Hand.

2. Das Kerbholz zeigt mir, wo ich schuldig wurde und gesündigt habe gegen meine Mitmenschen und gegen dich.

3. Alle Menschen haben Fehler, ich auch.
   Ich habe so manches auf dem Kerbholz.

4. Ich will mit diesem Kerbholz den Versöhnungsweg gehen.
   Bitte, lieber Gott, geh du mit!

Zum Abschluss

Du hast dein Kerbholz vor den Altar gelegt.
Du hast deine Sünden Gott anvertraut und ihn um Verzeihung gebeten.

Im Gottesdienst um … Uhr danken wir Gott,
dass er uns mit sich versöhnt.
Wir werden die Kerbhölzer verbrennen, um zu erfahren:
Gott nimmt die Schuld von uns.

SYMBOL: SPIEGEL

STATION 1 – DER BLICK IN DEN BRUNNEN

Präsentation

- An der ersten Station ist mit Backsteinen aus dem Baumarkt ein Brunnen aufgebaut. Am Boden liegt ein Spiegel, so dass man sich selbst sieht, wenn man in den Brunnen schaut.

Impuls

Zu einem einsamen Mönch kamen eines Tages Menschen. Sie fragten:
„Was für einen Sinn siehst du in deinem Leben der Stille?"
Der Mönch war eben damit beschäftigt, Wasser aus einem tiefen Brunnen zu schöpfen. Er sprach zu seinen Besuchern:
„Schaut in den Brunnen! Was seht ihr?"
Die Leute blickten in den tiefen Brunnen.
„Wir sehen nichts."
Nach einer kurzen Weile forderte der Einsiedler die Leute wieder auf:
„Schaut in den Brunnen! Was seht ihr?"
Die Leute blickten wieder hinunter.
„Ja, jetzt sehen wir uns selber!"
Der Mönch sprach:
„Schaut, als ich vorhin Wasser schöpfte, war das Wasser unruhig.
Jetzt ist das Wasser ruhig. Das ist die Erfahrung der Stille:
Man sieht sich selber!"

(Quelle unbekannt)

Überlegt miteinander:

- Was will mir die Geschichte sagen?
- Was habe ich gefühlt, als ich in den Brunnen geschaut habe?

STATION 2 – MEIN ERBE

Präsentation

- Auf einem Tuch liegt ein schöner Handspiegel.
- Daneben in einem Körbchen liegen Blätter, auf die Spiegelfolie geklebt ist (evtl. in „Handspiegelform"). Man kann bei diesen „Gewissens-Spiegeln" auch einen Rand mit Strichzeichenmuster lassen; diesen Rand kann man dann ähnlich wie das Mandala während des Versöhnungsweges farbig ausmalen.

Impuls

Nimm den Spiegel in die Hand.
Schau dich im Spiegel genau an.
Nimm dir Zeit, betrachte dich genau.

Was gefällt dir an dir? Was kannst du gut?
Welche Talente, Fähigkeiten und guten Eigenschaften, welches „Erbe" hat dir Gott geschenkt?

Du schaust in dich hinein wie in einen Spiegel.
Du denkst über dich nach, wie du dich siehst …
Du stehst heute auch vor Gott.
Er schaut dich voll Liebe an.
Er geht den Weg mit dir.
Gott hat dir ein reiches Erbe geschenkt und lässt dir Freiheit, Gutes zu tun oder Böses.

Mein Gewissensspiegel

Such dir ein Blatt mit einem Spiegel aus.
Das ist dein Gewissensspiegel.

Er soll dir auf dem Versöhnungsweg dabei helfen,
dich an das zu erinnern,
was in deinem Leben gut ist, und was nicht so gut läuft.

Wenn du in den Gewissensspiegel blickst, siehst du dich nicht klar, manchmal verzerrt; du schaust in deine Seele, in dein Gewissen.

Nimm den Spiegel mit auf den Versöhnungsweg.

Gebet in der „Lebensspirale"

1. Guter Gott,
   ich trage meinen Gewissensspiegel in der Hand.

2. Wenn ich in den Spiegel
   und in mich hineinblicke,
   sehe ich viel Gutes und Schönes,
   aber auch manches Schlechte.

3. Der Spiegel
   zeigt mir, wo ich gesündigt habe,
   gegen meine Mitmenschen, gegen mich selbst
   und gegen dich.

4. Ich will mit meinem Gewissensspiegel
   den Versöhnungsweg gehen.
   Bitte, lieber Gott,
   geh du mit!

SYMBOL: STEIN

Anstelle einer Scherbe oder eines Kerbholzes bekommt man einen Stein.
So weit ich weiß, ist dies das gebräuchlichste Symbol für die ersten Versöhnungswege, die entwickelt wurden.
Für jede „Sünde“ macht man mit einem Filzstift einen Strich auf den Stein.
Wenn am Ende des Versöhnungsweges ein Beichtgespräch bei einem Priester oder ein Versöhnungsgespräch stattfindet, darf man den Stein abgeben; man bekommt dafür einen wunderschönen (Halb-) Edelstein.
Man kann die Steine auch am Fastenkreuz ablegen, an der Osterkerze oder an einer anderen passenden Stelle in der Kirche, oder z. B. an einem „Versöhnungsbaum“ im Freien.

Variante für einen Familiengottesdienst
„Er warf unsre Sünden ins äußerste Meer“
Nach dem Gottesdienst gehen alle Kinder mit dem Zelebranten zu einem Gewässer (Bach, Fluss, See, etc.) und werfen die Steine weit ins Wasser.
Da man sich nicht selbst vergeben kann, wäre es dabei sinnvoll, dass jeder seinen Stein einem anderen zum Werfen gibt.

VERSÖHNUNGSWEGE FÜR JUGENDLICHE

WAS ICH AUF DEM KERBHOLZ HABE

VERSÖHNUNGSWEG FÜR FIRMLINGE/JUGENDLICHE IN DER NATUR

Vorbemerkung

Die Jugendlichen gehen den Versöhnungsweg mit einem erwachsenen Begleiter, z. B. dem Firmpaten. In der Natur sind Stationen gestaltet (laminierte Plakate), manche Stationen werden auch von einem freiwilligen Helfer betreut.

Die Stationen werden am besten selbst erarbeitet, indem man die für den Versöhnungsweg vorgesehene Wegstrecke abgeht und sich vom Weg selbst (und von seiner Umgebung) inspirieren lässt.

Die Jugendlichen machen sich mit ihrem Gesprächspartner auf den Weg und reden darüber, was im Leben und Glauben gut läuft und was schief gelaufen ist. An den Stationen erhalten sie dazu Gesprächsimpulse.

Jeder Jugendliche nimmt einen ca. 40 cm langen Haselstecken sowie ein Taschenmesser mit. Als Zeichen einer „Sünde“ oder einer negativen Erfahrung schnitzen die Jugendlichen bei manchen Stationen eine Kerbe in ihr „Kerbholz“.

Diese „Kerbhölzer“ können in den Firmgottesdienst integriert werden (z. B. zu Beginn des Gottesdienstes als Bußakt vor dem Kircheneingang verbrennen oder aus den Kerbhölzern eine Hängebrücke bauen zum Firmthema „Brücke“, etc.)

Start und Ziel ist eine Kapelle im Wald oder ein anderer geeigneter Ort.

Treffpunkt: Morgens um 6.00 Uhr, weil man da noch nicht von Hundebesitzern und Joggern gestört wird.

Elemente der Firmvorbereitung (z. B. Lieder, Firmkerze, etc.) können in die Einstimmung und in den Versöhnungsweg integriert werden.

Da die Jugendlichen mit ihrem Begleiter in zeitlichen Abständen auf den Weg geschickt werden, ist ein Zeit-Puffer am Beginn und am Ende sinnvoll. Dieser kann z. B. mit folgenden Tätigkeiten gefüllt werden:

- Lieder singen (z. B. für den Firmgottesdienst);
- Kapelle anschauen, Erklärungen, Heiligen-Legende;

- Gebete/Texte für den Firmgottesdienst schreiben, z. B. über meine Beziehung zu Gott und zur Kirche …

Aus den vorgeschlagenen Stationen sollte eine Auswahl getroffen werden.

EINSTIMMUNG IN DER KAPELLE

Die Jugendlichen sollen in Stille die Kapelle betreten, zur Ruhe kommen. – Die Firmkerzen (oder andere Kerzen) brennen; evtl. meditative Musik einspielen.

Begrüßung

Lied GL 365 Meine Hoffnung und meine Freude

Gebet GL 7.2 Atme in mir, du Heiliger Geist

Lied Nochmals GL 365 Meine Hoffnung und meine Freude

Schrifttext Mk 2,3–12 (Der Gelähmte)

Gedanken zum Schrifttext
- Was lähmt uns?
- Was hindert uns an einem glücklichen Leben?
- Was bedeutet für mich: wieder gehen können, wieder leben können?

Stille

Impuls
- Kurze Gedanken zu Sinn und Zweck des Kerbholzes und zum Thema Versöhnung.
- Hinweis, dass das Kerbholz beim Firmgottesdienst gebraucht wird und deshalb aufbewahrt werden soll.

Schlussgebet GL 9.7

Segensbitte
Auf dem Weg der Versöhnung segne uns der barmherzige Gott, der Vater, der Sohn und der Heilige Geist.

AUF EINER WIESE ODER WALDLICHTUNG

Siehst du noch die Wunder der Natur,
oder neigst du dazu, die Schöpfung zu zerstören?
Kannst du noch staunen über blühende Wiesen,
einen Sonnenaufgang, fühlst du noch den erwachenden Tag,
die wärmer werdende Luft auf deiner Haut?
Wie ist dein Lebensstil – steht er im Einklang mit der Natur?

AM STAUWEHR ODER WASSERFALL

Tiefe:
Schau in die Tiefe.
Was für Gedanken kommen dir?
Bedrohliche? Fühlst du dich wohl?
An was erinnert dich diese Tiefe in deinem Leben?

Eingeengt sein:
Das Wasser wird gestaut; umgeleitet, eingeengt.
Wo fühlst du dich fremdbestimmt?
Eingeengt in deiner Freiheit?
Von anderen in Bahnen gelenkt, die du nicht gehen möchtest?

STROMMASTEN

Ohne Strom würde unser Leben beschwerlich werden.
Strom liefert Energie für Kochherd und Kühlschrank, für warmes Wasser und Licht, für Fernseher und Computer.
Was gibt dir Energie zum Leben?
Wo findest du Kraft, deinen Alltag zu meistern?
Sind deine „Batterien" oft leer, so dass du abgespannt und erschöpft bist und es nicht läuft, wie du es dir vorstellst?
Stehst du dauernd unter Strom, muss bei dir immer etwas laufen, Action und Fun? Oder nimmst du dir auch Zeit zum Nachdenken, zum Entspannen und zur Stille?

WEGKREUZ

Jesus ist für uns alle am Kreuz gestorben, um uns zu erlösen.
Was bedeutet das für dich, was bedeutet dir das Zeichen des Kreuzes?
Hast du den Mut, dein Kreuz auf dich zu nehmen?
Lässt du dich einladen von Jesus, sein Freund/seine Freundin zu sein?
Was könnte diese Freundschaft in deinem Leben verändern?

Das Kreuz ist verwittert, mit Spinnweben bedeckt.
Wie verwittert ist dein Glaube?
Am Kreuz wachsen Efeu und junge Pflanzen.
Wo siehst du Chancen, im Glauben zu wachsen?
Was sind Kreuzpunkte in deinem Leben?

MARIENSTATUE

Viele Menschen haben ihr Leben ganz Gott geschenkt,
zu ihnen gehört Maria.
Interessierst du dich für Menschen, die dir ein Vorbild im Glauben sein könnten?
Gibt es solche Menschen in deinem Bekanntenkreis?
Oder wo suchst du dir Vorbilder?
Was ist dir wichtig im Leben?

Welche Menschen sind für dich Wegbegleiter durchs Leben?
Maria ist die Mutter von Jesus.
Er ist in einer Familie aufgewachsen.
Wie wichtig ist dir deine Familie?
Welche Beziehung hast du zu Eltern, Geschwistern und anderen Personen, die zu deiner Familie gehören?
Wie könntest du diese Beziehung verbessern?

FEUER

(betreute Station)
Feuer ist ein faszinierendes Element. Schau in das brennende Feuer.
Betrachte das Tanzen der Flammen, das Glühen, den Funkenflug.
Hör, wie es knistert und knackt.

Feuer gibt Wärme und Geborgenheit.
Wo bist du schon am Feuer gesessen?

In einem Lied heißt es:
„Einer hat uns angesteckt mit der Flamme der Liebe."
Was steckt dich an? Wovon bist du begeistert?
Wie steht es mit deiner Begeisterung für Christus und für die Kirche?

FLUSS/WASSER

Ruhig fließt hier das Wasser.
Wasser ist wichtig für das Leben.
Trägst du Sorge um das Wasser, oder ist es dir gleichgültig?
Wenn du den Wasserhahn aufdrehst, bist du dankbar, dass sauberes, gesundes Wasser kommt? Oder ist einfach alles selbstverständlich?

Schau in das Wasser!

Von der Quelle nimmt es seinen Weg bis zum Ziel, dem Meer.
Es fließt und kommt vorwärts.
Das fließende Wasser ist ein Symbol für dein Leben,
von der Geburt bis zum Ende deines Lebens.

Wirf einen Stein ins Wasser.

Der Stein geht unter.
Gibt es in deinem Leben Situationen,
in denen du unterzugehen drohst,
wo dir das Wasser bis zum Halse steht,
wo du nicht mehr weiter kommst?

Wirf ein Stück Holz ins Wasser.

Das Holz wird vom Wasser getragen. Schnell schwimmt es dahin. Was bringt dich im Leben weiter? Was trägt dich, so dass du nicht untergehst?
Wie gehst du durchs Leben?
Schwimmst du meistens mit dem Strom und tust, was die anderen machen oder sagen? Oder gibt es auch Situationen, wo du gegen den Strom schwimmst?

Oft ist das Wasser klar und rein, aber manchmal ist es auch verschmutzt.
Gibt es auch in deinem Leben etwas, das deine Seele verschmutzt, das dich am Leben hindert?

BRÜCKE

Die Brücke führt von einem Ufer zum anderen.
Die Brücke verbindet.
Die Brücke führt sicher über gefährliche Wasser und Schluchten.
Die Brücke erleichtert den Weg.

Auch in deinem Leben gibt es Brücken,
über die du gehen musst.
Auch zwischen Menschen gibt es Brücken.
Eine Brücke verbindet dich mit Menschen,
die du brauchst und die dich brauchen.

Wo gibt es solche Brücken in deinem Leben?
Wo wirst du selber zur Brücke für andere?

Was trägt dich?
Was öffnet dir neue Horizonte?
Was führt dich an neue Ufer?

GEFÄLLTE BAUMSTÄMME

Gibt es in deinem Leben Tage, an denen du dich fühlst wie ein gefällter Baum?
Umgehauen, zerstört, keinen Boden unter den Füssen, ohne Wurzeln?

Oder warst du auch schon verantwortlich dafür,
dass sich andere so fühlen mussten?

TRIMM-DICH-PFAD (VITA-PARCOURS)

Bist du zufrieden mit deinem Körper?
Bewegst du dich oder treibst du Sport?
Achtest du auf deine Gesundheit?
Wie steht es mit deiner Sexualität?
Ist dir der Körper wichtiger als der Geist,
das Aussehen wichtiger als die inneren Werte?

WEGGABELUNG

Immer wieder gabelt sich auch dein Lebensweg.
Immer wieder musst du dich entscheiden.

Wohin soll ich gehen?
Welcher Weg ist der richtige?
Was hilft mir, mich für einen Weg zu entscheiden?
Wer hilft mir?
Welchen Weg soll ich gehen?
Welche Entscheidungen stehen für mich in nächster Zeit an?

STEIN

Suche einen Stein und schau ihn an!
Der Stein ist hart, kalt, schwer.
Was ist hart in deinem Leben?
Was fällt dir schwer?
Was belastet dich wie ein schwerer Stein?
Was ist für dich ein Stolperstein, ein steiniger Weg?

Bist du ein Stolperstein für andere?
Bist du hart, herzlos, kalt, gefühllos, ohne Mitgefühl?
Steinigst du Mitmenschen mit Worten und Taten?

EIN SCHÖNER ORT ZUM AUSRUHEN

Vielleicht kann man zwischen zwei Bäumen eine Hängematte spannen.

Auch du brauchst immer wieder einen Ort, wo du dich ausruhen und erholen kannst. Wo findest du diese Orte der Stille?
Um wirklich leben zu können, müssen wir auch immer wieder auftanken.
Um zu uns selber zu kommen, braucht es die Stille.
Und in der Stille kannst du Gott hören.
Hier ist so ein Ort, der dich zu dir selber führen will; dich auftanken, stärken will für den kommenden Weg.

ABSCHLUSS IN DER KAPELLE

Liturgischer Gruß und Einführung

Lied Laudato si (Liederbücher)

Aktion Aus den Kerbhölzern einen Turm oder eine Mauer bauen

Gebet Psalm 51 im Wechsel (Gebetsblatt vorbereiten)

Versöhnungsritual, Vergebungsbitte, bzw. sakramentale Lossprechung durch Priester oder Bischof (Firmspender)

Lied Gottes Geist befreit zum Leben (Liederbücher)

Vaterunser

Segen und Entlassung

DEINE SÜNDEN SIND DIR VERGEBEN

STATIONEN FÜR EINEN VERSÖHNUNGSWEG MIT FIRMLINGEN/JUGENDLICHEN IM DORF BZW. STADTVIERTEL

Vorbemerkung

Anstatt in der Natur kann man den Stationenweg auch durch besiedeltes Gebiet gehen. Die Stationen kann man an oder in den Gebäuden aufbauen (z. B. in einem Vorraum; Bewohner fragen!) oder aber mit Streckenposten ausstatten. Man kann auch die Impulse in Briefform mitgeben (wie im Versöhnungsweg auf S. 64–68); sie werden dann am jeweiligen Gebäude geöffnet. Es ist auch bereichernd, wenn sich Angestellte oder Bewohner der Gebäude (z. B. Feuerwehrmann, Gemeinderat, Lehrer, Altenpflegerin, Krankenhausseelsorger …) bereiterklären, am Versöhnungsweg von ihrer Tätigkeit zu erzählen, vielleicht auch, wie sie Sünde/Schuld/Vergebung in ihrer Tätigkeit oder in ihrem Leben erfahren.

Den Abschluss des Weges bildet (wie im vorigen Versöhnungsweg) eine gemeinsame liturgische Feier mit Bekenntnis, Versöhnungsritual, Vergebungsbitte/Lossprechung, Vaterunser und Segen.

GEMEINSAMER BEGINN

Lied

Begrüßung

Schrifttext Lk 7,36–50 (Jesus und die Sünderin im Haus des Pharisäers Simon)

Impuls

Deine Sünden sind dir vergeben, sagt Jesus zur Frau. Deine Sünden sind dir vergeben, sagt Jesus immer wieder zu dir, auch heute auf dem Versöhnungsweg.

Die Frau hat über ihre Leben nachgedacht; das hat sie sehr traurig gemacht, so dass sie weinen musste. Mit ihren Tränen hat sie Jesus die Füße gewaschen, und mit ihren Haaren abgetrocknet.

Ich lade auch euch ein, auf einem Weg durch die Stadt (das Dorf/das Stadtviertel) über euer Leben nachzudenken, über die guten Seiten aber auch über das, was nicht gut läuft, und auch über Lebenssituationen, in denen ihr wirklich etwas falsch gemacht habt, über eure Sünden.

Ihr braucht niemandem die Füße zu waschen, aber ihr seid eingeladen, über euer Leben mit eurem Begleiter/eurer Begleiterin zu reden.

Auf dem Weg bekommt ihr Impulse, die euch beim Nachdenken und Reden helfen sollen.

Damals spielte die ganze Szene sich in einem Haus ab, im Haus des Pharisäers Simon. Auch wir werden auf dem Versöhnungsweg an einige Häuser kommen, in denen ganz unterschiedliche Menschen leben.

Erklärung des Weges

Lied

Sendung

SCHULE

An jedem Schultag treffen sich hier in dieser Schule Schülerinnen und Schüler und ihre Lehrer. Einen Großteil eurer wachen Zeit verbringt ihr (die Jugendlichen aus unserem Dorf/Stadtteil) hier mit Mathematik und Geografie, Deutsch und Englisch, Physik und Sport, Religion und Werken. Lernen und lehren, aufpassen und sich nerven, mitmachen und sich langweilen, Hausaufgaben und Pausen …

- Wie läuft es in der Schule?
- Wie kommst du mit Lehrern und Mitschülern zurecht?
- Hilfst du mit, dass ein guter Geist in der Klasse herrscht?
- Schließt du andere aus, machst du mit, wenn andere gehänselt oder beleidigt werden?
- Oder wirst du sogar selbst gemobbt?
- Bist du zufrieden mit deinen schulischen Leistungen, oder bist du immer am Anschlag und meinst: Ich schaffe das nicht?

SPORTHALLE

Hier spielt man Volleyball, Tischtennis, Badminton, Basketball … Judokas, Rugbyspieler, Leichtathleten, Geräteturner, Sporttänzer … treffen sich regelmäßig zum Training. Wenn die Eintracht spielt, kommen die Fans, um ihre Mannschaft anzufeuern.

- Treibst du Sport?
- Wie wichtig ist dir der Sport, geht er dir über alles, so dass du gar keine Zeit mehr für anderes hast, oder tust du viel zu wenig für deinen Körper?
- Wie achtest du auf deine Gesundheit?
- Bist du fair? Bei Spiel und Sport – aber auch in den Beziehungen zu deinen Mitmenschen?
- Wie gehst du mit Niederlagen um?
- Trainierst du deinen Körper?
- Trainierst du auch deinen Glauben?

FLÜCHTLINGSHEIM

Hier wohnen Menschen aus Syrien, Eritrea, Irak ..., insgesamt ... Männer und Frauen aus ... Ländern. Sie haben zum Teil Schreckliches erlebt: Krieg und Terror, Folter und Vergewaltigung. Sie haben alles verlassen, ihre Freunde und Nachbarn, die gewohnte Umgebung, ihre Kultur, ihre Heimat – weil sie in ihrem Land nicht weiterleben konnten. Manche sind auf der Flucht in sehr gefährliche und lebensbedrohliche Situationen gekommen. Jetzt warten sie auf eine ungewisse Zukunft.

- Kommst du mit Flüchtlingen in Kontakt?
- Was fühlst du, wenn du ihnen auf dem Marktplatz oder im Supermarkt begegnest?
- Was ist deine Einstellung zu diesen Menschen, siehst du in ihnen eine Bereicherung oder eine Bedrohung, kennst du einige persönlich, oder hast du Angst vor ihnen?
- Informierst du dich über ihre Situation, oder lässt du dich von Vorurteilen leiten?
- Was denkst du, wenn Menschen gewalttätig gegenüber Flüchtlingen werden, was denkst du, wenn Menschen oder Organisationen Flüchtlingen helfen?
- Siehst du in ihnen die Menschen, Gottes geliebte Kinder, deine Brüder und Schwestern?

KRANKENHAUS

In unser Krankenhaus kommen Menschen, die einen Unfall hatten, im Straßenverkehr, im Haushalt, in der Freizeit. Sie haben sich einen Arm oder ein Bein gebrochen, wurden zum Teil schwer verletzt. Auch Menschen, die an einer schweren Krankheit leiden, suchen hier Heilung. Ärzte, Pfleger und viel sonstiges Personal kümmern sich um die Patienten. In früheren Zeiten war die Sorge um die Kranken oft eine Aufgabe der Kirche. „Kranke pflegen“ ist in unserem christlichen Glauben eines der sieben Werke der Barmherzigkeit.

- Wann warst du das letzte Mal krank, hattest einen Unfall? Wie ist es dir da ergangen?
- Wie nimmst du Rücksicht, wie verhältst du dich, wenn ein Familienmitglied krank ist oder wenn es einem Mitschüler oder einer Mitschülerin nicht so gut geht?

- Kennst du jemanden, der schon länger (vielleicht an Krebs) erkrankt ist, der hier oder daheim im Bett liegt, den man vielleicht schon weitgehend vergessen hat?
- Verzichtest du auf einen Besuch, weil du Besseres zu tun hast, oder weil du unsicher bist, nicht weißt, was du sagen sollst und wie du mit Krankheit und Leid umgehen kannst?

FEUERWEHR

Das letzte Mal stand die Feuerwehr in der Zeitung, als es auf der A1 gekracht hat und ein Auto in Brand stand *(ggf. ein aktuelles Ereignis kurz beschreiben)*. Die Feuerwehrmänner und -frauen sind zur Stelle, wenn es brennt oder sich ein anderer Schaden ereignet. Sie setzen manchmal ihr Leben aufs Spiel.

- Brennt es irgendwo in deinem Leben, wo du schnell Hilfe bräuchtest?
- Bist du (im übertragenen Sinn!) ein Brandstifter?
- Setzt du dich irgendwo für die Allgemeinheit ein? Bist du bereit, etwas für andere zu tun?
- Unterstützt du helfende Berufe, oder ärgerst du dich, wenn die Feuerwehr beispielsweise den Verkehr umleitet?

WOHNBLOCK

In diesem Haus sind … Wohnungen. Familien mit einem oder mit mehreren Kindern, junge und alte, Alleinstehende und Paare, Reiche und Arme, Männer und Frauen – ganz unterschiedliche Menschen leben hier zusammen.

- Wie läuft es in deiner Familie, mit Eltern, Geschwistern?
- Gibt es Streit mit Nachbarn oder habt ihr ein gutes Verhältnis?
- Respektierst du, wenn jemand einen anderen Lebensstil hat, oder lässt du ihn deine Verachtung spüren, weil jemand ein Spießer oder ein Asi oder sonst was ist?
- Was tust du für eine gute Gemeinschaft, was tust du für die Menschen, mit denen du dein Leben teilst?

GEMEINDEVERWALTUNG

Hier ist die Verwaltung unserer Gemeinde: Steuerbehörde, Einwohnermeldeamt, Sozialamt, Polizei, Verkehrsamt … Die Menschen, die hier arbeiten, setzen sich dafür ein, dass unsere Gemeinde funktioniert, sie setzen sich ein für Ordnung und Sicherheit. Die kommunalen Politiker treffen wichtige Entscheidungen für die Entwicklung unserer Gemeinde und für unser Zusammenleben.
Manche Beamte können durch ihre Anordnungen in unser Leben eingreifen (z. B. Polizisten, Sperrstunde, Bewilligungen, Verbote).

- Welche Einstellung hast du zur „Obrigkeit", was hältst du von den Entscheidungen, die hier getroffen werden?
- Welche Beziehung hast du zu Vorgesetzten (Lehrer, Chef, Polizei, etc., vielleicht auch zu deinen Eltern)?
- Bist du „ordentlich"? – Wie verhältst du dich beispielsweise, wenn Kollegen einfach ihren Müll liegen lassen (Littering), ist das für dich normal oder stört dich das?
- Blickst du verächtlich auf manche Berufsgruppen herab (z. B. Müllabfuhr, Straßenreiniger, Polizei …), oder siehst du in ihnen vor allem auch die Menschen?

KLOSTER

In diesem Gebäude leben Frauen (Männer), die jeden Tag viele Stunden beten, ganz mit Gott verbunden sind. Sie wollen ihr Leben ganz für und mit Gott leben. Dabei verzichten sie auf Familie, Besitz und auf vieles, was für uns selbstverständlich zum Leben dazu gehört.

- Kannst du verstehen, was sie tun?
- Woran glaubst du?
- Was ist dir wichtig im Leben?
- Wo setzt du deine Prioritäten?
- Was ist das Ziel für dein Leben?

- Merkst du, dass du zur Kirche gehörst?
- Was hält dich ab mitzumachen?
- Was zieht dich an?
- Wie steht es mit deinem Gebet?

KIRCHE/KAPELLE

Durch die Taufe wurdest du in die Kirche aufgenommen. Du wurdest mit Wasser übergossen und im Namen des Vaters und des Sohnes und des Heiligen Geistes getauft. Deine Eltern haben bestimmt: Du sollst ein Christ sein, du sollst zur Kirche gehören.
Wenn du dich firmen lässt, dann bringst du zum Ausdruck:
Ja, ich stehe zu dem, was meine Eltern damals entschieden haben. Ich möchte Christus nachfolgen und zu seiner Kirche gehören.

- Ist dir die Kirche fremd geworden?
- Merkst du, dass du zur Kirche gehörst, und merken das auch andere?
- Was hält dich ab mitzumachen? Was fasziniert dich an der Kirche?
- Wie steht es mit deinem Gebet?
- Betest du auch außerhalb der Kirche?

Kreatives Element
Schreibe in einem Satz auf ein Kärtchen, was du an der Kirche schön findest, was sie für dich bedeutet, so dass du dich firmen lassen und zu ihr gehören willst!
Lege das Kärtchen in den Korb vor dem Altar.

BAHNHOF

Von hier fahren Züge nach …
(Ziele einsetzen, die auf dem Fahrplan des Bahnhofs stehen.)
Tag für Tag fahren Menschen zur Arbeit oder in den Urlaub, zu Veranstaltungen oder um ihre Freizeit zu verbringen, zu Verwandten und Freunden oder wieder nach Hause. Sie hängen am Laptop oder Handy, lesen in der Zeitung oder starren stumpf vor sich hin. Der Bahnhof ist Start und Ziel, Symbol für ferne Länder und Reisen, für Mobilität und Weiterkommen.

- Was bringt dich weiter?
- Wohin möchtest du mal reisen?
- Wo möchtest du mal mit deinem Leben hinkommen, was möchtest du erreichen?
- Interessieren dich die Mitreisenden?

SPARKASSE/BANKINSTITUT

Geld regiert die Welt.
Wer zahlt, befiehlt.
Ohne Moos nichts los.
Geld allein macht auch nicht unglücklich.
Eher kommt ein Kamel durch ein Nadelöhr, als ein Reicher in den Himmel.
Du kannst nicht beidem dienen: Gott und dem Geld (Mammon).

- Was ist deine Einstellung zum Geld?
- Wie wichtig sind dir Reichtum und Besitz?
- Achtest du das Eigentum anderer?

KINO

Zurzeit läuft im Kino der Film ... Sicher haben einige von euch ihn schon gesehen. Vielleicht gehen einige von euch wahnsinnig gern ins Kino, andere können damit nichts anfangen, sie sehen sich die Filme lieber zuhause an. Die Technik hat sich in den letzten Jahrzehnten rasant weiterentwickelt. Es gibt 3-D-Filme und ganz irre Computeranimationen. Man kann Filme aufs Handy laden, selbst Filme drehen, auf YouTube ansehen, auf WhatsApp teilen – alles ohne große Schwierigkeiten. Die digitale Technik hat unser Leben und vor allem auch unser Freizeitverhalten verändert.

- Wie gestaltest du deine Freizeit?
- Wie viel Zeit verbringst du vor dem Fernseher, dem Laptop, mit dem Handy?
- Hast du noch Zeit für persönliche nichtdigitale Kontakte?
- Ist dein Umgang mit Computer und Handy Quelle von Konflikten und Streit?
- Könntest du ohne Handy auskommen?

PARKBANK

Pause machen, Chillen, Ausruhen, aus der Hektik aussteigen, sich hinsetzen, verschnaufen, die müden Füße ausruhen lassen, einfach da sitzen und nichts tun, die Leute beobachten.

- Wie kannst du dich entspannen, zur Ruhe kommen?
- Gibt es Ruheplätze, die du gerne aufsuchst?

- Könnte Beten und Meditieren dir dabei helfen, zu dir selbst zu finden und die Beziehung zu deinen Mitmenschen und zu Gott zu verbessern?

ICH HABE DICH IN MEINE HAND GESCHRIEBEN

VERSÖHNUNGSWEG OHNE STATIONEN MIT BRIEFEN FÜR FIRMLINGE, JUGENDLICHE, ERWACHSENE

Vorbemerkung

An einem Firmausflug, Weekend oder ähnlichem kann ein Versöhnungsweg auch entlang einer schönen Wegstrecke (z. B. durch eine Schlucht, an einem Fluss/See, durch den Wald) ohne Stationen durchgeführt werden.

Man beginnt mit einem besinnlichen Einstieg, mit Lied, Schrifttext, Gebet.

Dann werden die Jugendlichen mit ihren Begleitern und mit Briefen auf den Weg geschickt mit folgenden Anweisungen:

- Geht eine Weile in Stille.
- Sucht euch dann einen schönen Platz und öffnet den ersten Brief.
- Geht weiter und sprecht darüber.
- Mit den weiteren Briefen macht ihr es ebenso; ihr könnt auch an einem besonders schönen Ort verweilen und dort miteinander über einen Brief reden.
- Zur abgemachten Zeit sollt ihr am Ziel sein.

Gemeinsamer besinnlicher Abschluss wie bei den anderen Versöhnungswegen.

Anschließend Picknick oder Grillen am Lagerfeuer.

Den ersten Brief kann man auch mit einer Aufgabe erweitern, z. B. auf dem Weg Gegenstände zu sammeln, die man dann in der Liturgie beim gemeinsamen Abschluss verwenden kann;

oder in eine Flasche Wasser füllen, das dann alle in den Taufstein gießen und das für ein Versöhnungsritual verwendet wird, (z. B.: mit einem Schwamm die Stirn abwischen und dazu sprechen: „Gott wäscht alle Sünden von dir ab“);

oder ein Gebet schreiben;

oder ein Foto machen und dazu einen Text schreiben.

BRIEF 1 – GOTT DER SCHÖPFER UND ICH

Ganz bestimmt freust du dich an der Natur:
an den hohen Bergen, an einem See, besonders wenn man in ihm schwimmen darf, an den Pflanzen …
Ganz bestimmt hast du dich auch schon gefragt, woher dies alles kommt, wer dies alles erschaffen hat.
Bestimmt haben dir dann immer wieder Menschen gesagt:
Das hat Gott gemacht.
Manche Leute gibt es aber auch, die glauben nicht an Gott.
Sie sagen: Das ist alles einfach so entstanden.
Wenn gläubige Menschen sagen: „Das hat Gott gemacht",
dann meinen sie nicht nur das Schöne in der Natur.
Dann meinen sie alles in der Schöpfung,
alle Tiere und besonders auch den Menschen.
Keiner, der ungläubig ist, kann beweisen, dass er Recht hat.
Aber alle, die glauben, wissen, dass sie ihr Leben ganz und gar Gott verdanken.

Und du?

Aufgabe
Mach ein Foto, das dich zum Glauben oder auch zum Firmthema inspiriert und schreibe dazu einen passenden Text.

Beispiele
Quelle
Der Brunnen/die Quelle gibt uns Wasser,
das wir zum Leben brauchen.
Genauso brauchen wir Gott zum Leben,
er gibt uns
Hoffnung, Liebe und Mut.

Baum
Der Baum streckt seine Zweige nach oben.
Er verbindet Himmel und Erde.
Er ist mit seinen Wurzeln fest im Boden verankert,
und kann deshalb Stürmen standhalten.
Auch wir sollen uns nach dem Himmel ausrichten,
und zu Gott streben.

Ich will mich fest im Glauben verankern,
damit ich den Stürmen in meinem Leben
widerstehen kann.

BRIEF 2 – ICH UND DIE ANDEREN

Stell dir einmal vor, du würdest ganz alleine auf der Welt leben.
Das wäre nicht nur langweilig. Das wäre unmöglich.
Du könntest einfach nicht für alles sorgen, was du zum Leben brauchst.
Darum leben wir in verschiedenen Gemeinschaften: in der Familie, in der Nachbarschaft, am Ort, in der Pfarrei, in der Schulklasse, im Freundeskreis, am Arbeitsplatz usw.
Dabei ist es klar, dass du mit manchen Menschen sehr gut auskommst, mit anderen weniger gut. Manche magst du einfach. Mit anderen hast du Schwierigkeiten.
Deine Eltern oder Großeltern liebst du vermutlich mehr als irgendwelche Leute aus dem Dorf.
Mit deinen Freunden bist du lieber zusammen als mit jemandem aus der Klasse, bei dem du vielleicht gar nicht weißt, was du reden sollst.
Das ist ganz normal.

Auch die Kirche ist eine Gemeinschaft, sie ist eine weltweite Gemeinschaft, zu der du dazu gehörst. In dieser Gemeinschaft ist die Liebe das Wichtigste. Als Christen sollen wir jeden Menschen respektieren; und wir sind dazu berufen, uns besonders auch um die Armen, Schwachen und Benachteiligten zu kümmern.

Jesus sagt: Liebe deinen Nächsten wie dich selbst.
Jesus will uns damit sagen: Der Nächste ist immer der, der mich gerade braucht.

Überlege und rede mit deinem Gesprächspartner:
- Wie ist meine Beziehung zu meinen Mitmenschen, zu meinen Nächsten?
- Mit wem komme ich gut aus, mit wem nicht, und warum?
- Und wie steht es mit der Gemeinschaft Kirche, mit der Gemeinschaft mit Jesus?

BRIEF 3 – WAS WIRKLICH WICHTIG IST

Wie kann ich wirklich glücklich werden?
Wie kann ich mein Leben mit Sinn füllen?
Was ist das Ziel meines Lebens?

Die meisten Leute möchten reich sein.
Alles haben, was man sich wünscht, ist ihr oberstes Ziel.
Glück bedeutet für sie, möglichst viel zu besitzen.

Andere sehen den Sinn ihres Lebens darin,
möglichst weit auf der Karriereleiter nach oben zu klettern;
oft gebrauchen sie dabei die Ellenbogen und nehmen
keine Rücksicht auf andere.
Erfolgreich zu sein im Beruf oder Sport, das ist für sie Glück.

Das Leben genießen, Party, Ferien, Chillen.
Machen, was ich will, zu was ich gerade Lust habe,
und diese Lust hemmungslos befriedigen:
So ein Leben ist für viele ein glückliches Leben.

Gesundheit, Familie, Klugheit, Macht, Freiheit und andere Werte
können zum Ziel des Lebens werden.

- Welchen Anteil hat Gott am Glück des Menschen?
- Welche Rolle spielt Gott bei deiner Suche nach Sinn?
- Was hältst du von der Aussage: Glücklich ist, wer die Gebote Gottes hält?

Lies doch einmal die Zehn Gebote, Wegweiser Gottes zu einem glücklichen Leben, in der folgenden modernen Übertragung!

1. Räume Gott den wichtigsten Platz in deinem Leben ein!
2. Beleidige Gott nicht!
3. Gönne dir am Sonntag Zeit für Ruhe, Besinnung und für Gott!
4. Respektiere deine Eltern!
5. Schütze das Leben!
6. Halte deinem Freund/deiner Freundin (Ehefrau/Ehemann) die Treue!
7. Achte das Eigentum des anderen!
8. Sage nichts Falsches über andere Menschen!

9. Bringe die Freundschaft (die Ehe) eines anderen nicht in Gefahr!
10. Beneide einen anderen nicht um das, was er hat!

Manche sagen, wenn sich alle Menschen an die Zehn Gebote halten würden – und sie kommen in ähnlicher Form auch in anderen Religionen vor –, dann gäbe es keine Kriege mehr auf der Welt.

Was meinst du dazu?

Oder vielleicht ist das Wichtigste im Leben die Liebe.
Auch in deinem Leben?

Als sie Jesus fragen, was das wichtigste Gebot ist, antwortet er:
Du sollst den Herrn, deinen Gott lieben mit ganzem Herzen, mit ganzer Seele und mit all deinen Gedanken, und du sollst deinen Nächsten lieben wie dich selbst. (Vgl. Matthäus 22,37 ff)

BRIEF 4 – MEIN WEG ZUM GUTEN

In jedem Menschen steckt Gutes, meistens sogar sehr viel.
Bei diesem Besinnungs- und Versöhnungsweg soll es nicht darum gehen, nur das Böse in uns zu sehen.
Vielmehr sollen mit diesen Überlegungen gerade die guten Seiten in uns sichtbar werden.
Allen Menschen geht es so, dass sie neben einer besonders guten Eigenschaft wie Hilfsbereitschaft oder Teilenkönnen auch eine besonders schlechte Verhaltensweise in sich haben:
Daran zu arbeiten, dass diese dunkle Seite des Lebens heller wird, sollte ein wichtiges Bemühen in unserem Alltag sein.
So wie ein Sportler lange Zeit auf ein bestimmtes Ziel hin trainiert, so sollte auch ich immer wieder überlegen,
ob ich auf dem guten Weg bin.

Welche Eigenschaften und Stärken an dir findest du besonders gut?

Gibt es etwa, das du in nächster Zeit in deinem Leben besser machen solltest?

VERSÖHNUNGSWEGE IN DER FASTENZEIT

VERLOREN UND WIEDERGEFUNDEN

VERSÖHNUNGSWEG MIT DEN GLEICHNISSEN JESU

Vorbereitung
An verschiedenen Stellen in der Kirche werden die Stationen aufgebaut. Je nach Situation können die Impulse und die Gleichnisse auf kleinen oder größeren Tischen präsentiert werden. Es ist unter Umständen auch möglich, eine Tür des Beichtstuhls auszuhängen und eine Station dort herzurichten.

Station 1: Die Perle
- Eine große (Jakobs-)Muschel
- Eine Perle
- Ein Tuch
- Text: Mt 13,45 f
- Impulsfragen

Station 2: Der unfruchtbare Feigenbaum
- Ein vertrockneter Zweig oder Ast
- Ein Tuch
- Text: Lk13,6–9
- Impulsfragen

Station 3: Der barmherzige Samariter
- Kärtchen mit der Aufschrift „Gewalt“, „Raub“, „Habgier“, „Zorn“, „Hass“
- oder: Zeitungsberichte von Gewalttaten und Verbrechen
- Ein gedeckter Tisch mit Wein und Öl
- oder: Erste-Hilfe-Koffer bzw. Hausapotheke, Verbandsmaterial, Desinfektionsmittel
- Text: Lk 10,30–37
- Impulsfragen

Station 4: Die zehn Jungfrauen
- Eine feuerfeste Unterlage
- Öl-Lampe
- Eine Flasche mit Nachfüll-Öl
- Text: Mt 25,1–13
- Impulsfragen

Station 5: Pharisäer und Zöllner

- Ein Gotteslob / Kirchengesangbuch
- Ein leeres Buch oder Heft zum Hineinschreiben
- Stifte
- Text: Lk 18,9–14
- Impulskarten

Station 6: Von der Liebe des Vaters

- Eine Darstellung des barmherzigen Vaters
- Liedblatt: So ist Versöhnung – Wie ein Fest nach langer Trauer (s. www.songtexte.com)
- Ein weißes Plakat mit der Überschrift: „Versöhnung ist wie …“
- Filzstifte
- Text: Lk 15,11–32
- Impulsfragen

Station 7: Senfkorn

- Ein Tuch
- Eine Schüssel mit Senfkörnern
- Text: Mk 4,30–32
- Impulsfragen
- Abschluss: Gott um Vergebung bitten
- Vergebungsgebete
- Ein Teller mit Schokoladenherzen
- Schuldscheine
- Eine Schale oder ein Korb
- Stifte
- Impulsfragen

WILLKOMMEN

Präsentation

- Plakat beim Eingang der Kirche.

Herzlich willkommen zum Versöhnungsweg!

In der Kirche sind sieben Stationen aufgebaut.
Wir laden dich ein, sieben Gleichnisse Jesu zu lesen,
auf dich wirken zu lassen,
mit deinem Leben zu verbinden.

Die Impulse zu den Gleichnissen sollen dir dabei helfen.
Du brauchst nur ein wenig Zeit.

Du kannst den Versöhnungsweg allein oder auch mit einem Gesprächspartner gehen.

STATION 1 – DIE PERLE

Präsentation

- Auf einem Tuch liegt eine große (Jakobs-)Muschel, in der Muschel liegt eine Perle.

Gleichnis Mt 13,45 f

Impuls

- Was ist dir wichtig und wertvoll im Leben?
- Was gibt deinem Leben Sinn?
- Was bist du bereit zu tun, um dein Lebensziel zu erreichen?
- Welchen Stellenwert hat in deinem Leben „der Himmel“, Gott?

STATION 2 – DER UNFRUCHTBARE FEIGENBAUM

Präsentation

- Auf einem Tuch liegt ein vertrockneter Zweig oder Ast. Es ist gut, wenn man einen Feigenbaum in der Nähe hat, aber es geht auch anderes Geäst.

Gleichnis Lk 13,6–9

Impuls

- Wo trägst du keine Früchte, wo erlebst du immer wieder Misserfolg und Versagen? Was klappt in deinem Leben einfach nicht?
- Was willst du umhauen, zerstören, zu Ende bringen? Gibst du jemandem noch eine Chance?
- Was ist dein Dünger, was tust du, damit dein Leben gelingt oder das Leben der Menschen, mit denen du dein Leben teilst?

STATION 3 – DER BARMHERZIGE SAMARITER

Präsentation

- Man kann eine Räuberhöhle gestalten mit Kärtchen, auf denen zum Beispiel Begriffe stehen wie „Gewalt", „Mord", „Raub", „Habgier", „Zorn", „Hass", oder Zeitungsberichte von Gewalt und Verbrechen auslegen.
- Daneben eine Herberge mit gedecktem Tisch, Wein und Öl, oder ein ausgepackter Erste-Hilfe-Koffer mit Heftpflaster, Verbandsmaterial und Desinfektionsmittel.

Gleichnis Lk 10,30–37

Impuls

Wo fühlst du dich, als wärst du unter die Räuber geraten – zerschlagen, am Boden, am Ende?
An welcher Not gehst du vorüber? Was ist dir wichtiger als deine Mitmenschen? Hat dein Glaube, dein Gebet, dein Gottesdienstbesuch eine Auswirkung auf deine Art zu handeln, auf deine Nächstenliebe?
Ausgerechnet ein Samariter, ein Ausländer, ein Ungläubiger hilft.
Was ist deine Einstellung gegenüber den Samaritern unserer Tage?
Wie nachhaltig ist deine Nächstenliebe? Hilfst du nur, wenn dich die Not anspringt oder sorgst du auch vor?

STATION 4 – DIE ZEHN JUNGFRAUEN

Präsentation

- Auf einer feuerfesten Unterlage steht eine Öl-Lampe (z. B. aus Keramik), daneben eine Flasche mit Nachfüll-Öl.

Gleichnis Mt 25,1–13

Impuls

- Wie steht es mit dem Öl in deiner Lampe? Brennt die Flamme deines Glaubens noch, oder ist sie am Erlöschen?
- Gehst du dem Bräutigam entgegen, oder sind dir Jesus, Gott und die Kirche mehr oder weniger gleichgültig?
- Was sind deine Reserven? Gehst du immer ans Limit?
- Was tust du, damit die Flamme deines Glaubens nicht ausgeht? Womit füllst du nach, was für Öl füllst du in deine Krüge?

STATION 5 – PHARISÄER UND ZÖLLNER

Präsentation

- An einem Ort mit gemütlicher Sitzgelegenheit, zur Not auch in einer Kirchenbank.
- Ein Kirchengesangbuch, ein leeres Buch oder Heft zum Hineinschreiben sowie Stifte liegen bereit.

Gleichnis Lk 18,9–14

Impuls

- Wie betest du?
- Erkennst du dich im Pharisäer, in seiner Selbstgerechtigkeit, in seinem Stolz, in seinem Egoismus?
- Traust du dich, in dein Inneres zu sehen, dich den dunklen Seiten in dir zu stellen, und sie Gott anzuvertrauen?

Kreatives Element

Nimm ein Gotteslob/Kirchengesangbuch. Lass dich von einem der vielen Gebete inspirieren (siehe Verzeichnis der Gebete und Texte im Anhang des Gesangbuchs).
Du bist eingeladen, ein persönliches Gebet mit eigenen Worten in das offene Buch zu schreiben oder einen kurzen Text aus dem Gesangbuch abzuschreiben.

STATION 6 – VON DER LIEBE DES VATERS

Präsentation

- Ein großes Bild mit der Darstellung des Barmherzigen Vaters (z. B. von Sieger Köder), ein Liedblatt mit dem Lied „Wie ein Fest nach langer Trauer", ein weißes Plakat sowie Filzstifte werden vorbereitet.

Gleichnis Lk 15,11–32

Impuls

Der Vater lässt den Sohn ziehen; er lässt ihm die Freiheit zu gehen.

- Lässt du andern auch eine solche Freiheit?
- Der verlorene Sohn landet bei den Schweinen. Wo lebst du „unter aller Sau"? Was ist in deinem Leben „sau-mäßig"?
- Wo hast du einen falschen Weg eingeschlagen?

Sie feiern ein Fest der Versöhnung.

- Wie steht es mit deiner Versöhnungsbereitschaft?
- Der Bruder bleibt draußen. Wird er mitfeiern oder sind Neid und Zorn stärker?
- Wirst du mitfeiern?

Kreatives Element

Lass dich von dem Lied inspirieren.
Du bist eingeladen, auf das Plakat („Versöhnung ist wie …") deine eigenen Gedanken aufzuschreiben.

STATION 7 – SENFKORN

Präsentation

- Beim Taufstein steht auf einem Tuch eine Schüssel mit Senfkörnern.

Gleichnis Mk 4,30–32

Impuls

- Säst du Senfkörner? Kleine Anfänge, kleine Schritte für ein Leben in Fülle, für das Reich Gottes, für eine bessere Welt, für einen Glauben und für eine Kirche, die Zeichen und Werkzeug der Liebe Gottes sind?

- Welche Senfkörner säst du?
- Traust du ihnen zu, dass sie wachsen?

Kreatives Element
Du bist eingeladen, ein einziges Senfkorn mitzunehmen.
Achte auf dein Korn!
Vielleicht legst du es an einen speziellen persönlichen Ort oder klebst es mit einem Klebstreifen in ein Buch. Es wird dich daran erinnern, dass aus deinen kleinen und unscheinbaren Versuchen, das Reich Gottes zu verwirklichen, Großartiges wachsen kann.

ABSCHLUSS – GOTT UM VERGEBUNG BITTEN

Präsentation
Vor dem Altar liegen auf einem Tuch die kopierten Vergebungsgebete, ein Teller mit Schokoladenherzen, die Schuldscheine, sowie eine Schale, in die man die zerknüllten Schuldscheine werfen kann. Außerdem liegen Stifte bereit.

Impuls
Sich versöhnen
mit Gott
mit deinen Mitmenschen
mit dir selbst

Nimm einen Schuldschein.
Du kannst ein besonderes Anliegen, eine besondere Schuld darauf schreiben.
Knülle den Schein zusammen und
wirf ihn in die Schale.

Die Schuldscheine werden nach dem Bußgottesdienst vor der Kirche verbrannt.

Du bist herzlich eingeladen zum Bußgottesdienst am *(Datum)*, um *(Uhrzeit)* hier in der Kirche.

Nimm ein Schokoladenherz mit.
Es soll ein Zeichen dafür sein, wie sehr Gott dich liebt.

MEINE SCHÄTZE, DEINE SCHÄTZE, GOTTES SCHÄTZE

BUSSFEIER ZUM ABSCHLUSS EINES VERSÖHNUNGSWEGES

Vorbemerkung
Dieser Bußgottesdienst ist exemplarisch und bezieht sich auf den Versöhnungweg mit den Gleichnissen Jesu.

Musik zur Einstimmung

Begrüßung
Im Namen des Vaters …

Herzlich willkommen zum Bußgottesdienst vor Ostern.
Es ist schön, dass wir uns in der Gemeinschaft unserem Versagen stellen, in unser Inneres hineinblicken und auf Gottes Vergebung und Versöhnung vertrauen. Wir vertrauen darauf, dass Gott ja zu uns sagt, nicht zu unseren Sünden, aber zu unserer Person. Deshalb singen wir vertrauensvoll:

Lied GL 781 (Sag ja zu mir, wenn alles nein sagt, 1.–2. Str.)

Einführung
Unsere Welt ist voller Schätze: Schätze, die die Natur uns schenkt. Bodenschätze, die wir nutzen dürfen. Menschen, die mit uns auf dem Weg sind. Wir selber, die wir vieles in uns haben, was uns reich macht.

Wir sind herausgefordert, einen guten Umgang mit diesen Schätzen – um und in uns – zu finden, sie so zu nutzen, dass sie dem Leben dienen.

In dieser Versöhnungsfeier möchten wir dem nachspüren, was wir in unserem Leben an Ressourcen, Schätzen und Möglichkeiten zur Verfügung haben, und uns bewusst werden, wie wir mit ihnen umgehen.

Wir vertrauen darauf, dass Gott mit uns durch das Leben geht und wir uns mit seinem liebevollen Blick anschauen dürfen.

Lied GL 781 (Sag ja zu mir, wenn alles nein sagt, 5.–6. Str.)

Gebet

Gott, mache unsere Herzen groß,
damit sie groß genug sind,
die Größe deiner Liebe anzunehmen.

Mache unsere Herzen weit,
damit sie all diejenigen im Blick haben,
die mit uns zusammen
an Jesus Christus glauben.

Ja, öffne unsere Herzen,
damit sie auch die wahrnehmen,
die in unseren Augen nicht liebenswert sind,
die wir nicht einmal berühren möchten.
Ja, öffne unsere Herzen!

Hinführung zum Evangelium

In der Kirche ist noch der Versöhnungsweg aufgebaut. Vielleicht sind einige von euch diesen Weg gegangen. An den einzelnen Stationen haben wir über unser Leben nachgedacht und uns dabei von einigen Gleichnissen Jesu inspirieren lassen. Heute soll uns ein weiteres Gleichnis bei der Gewissenserforschung helfen.

Lied GL 448 (Herr, gib uns Mut zum Hören, 1.–4. Str.)

Schrifttext Mt 25,14–25

Lied GL 448 (Herr, gib uns Mut zum Hören, 5. Str.)

Gedanken zum Evangelium

Kurz vor seiner Passion erzählt Jesus in diesem Gleichnis von drei Dienern, deren Herr ihnen Talente anvertraut. Das „Talent" war zurzeit Jesu eine Währungseinheit. Im übertragenen Sinn besteht das Vermögen dieser drei auch in ihrer Lebenszeit, ihrem Vertrauen, ihrer Hoffnung, ihrer Liebesfähigkeit und ihren sonstigen Begabungen und Fähigkeiten. Keiner von ihnen hat diese „Schätze" durch eigene Anstrengung erworben. Sie alle haben sie von ihrem „Herrn" geschenkt bekommen. Jeder hat unterschiedliche Gaben erhalten, weil jeder für etwas anderes geschaffen und zu etwas anderem berufen ist.

Nicht nur sie, sondern wir alle haben solch kostbare Gaben bekommen. Jede und jeder von uns ist in Gottes Augen teuer und wertvoll. Mit diesem Geschenk gehen wir – wie auch die Diener im Gleichnis – unterschiedlich um.

Manche machen es wie die ersten beiden Diener: Sie freuen sich über das Geschenk so sehr, dass sie es nicht für sich behalten, sondern anderen davon weitergeben. Dadurch vermehrt sich auch ihr eigenes Vermögen. Sie gewinnen noch mehr Talente dazu.

Anderen geht es eher wie dem dritten Diener im Gleichnis: Sie können sich über ihr „Talent" nicht richtig freuen. Entweder sehen sie es überhaupt nicht, oder sie vergleichen sich ständig mit den Menschen, die andere oder mehr „Talente" erhalten haben als sie selbst, und fühlen sich daher unfähig oder minderwertig. Sie mögen sich selbst nicht und trauen sich nichts zu. Sie haben Angst davor, Fehler zu machen und von den anderen nicht anerkannt zu werden. Deshalb verstecken sie die Gaben, die in ihnen schlummern. Und so leben sie nur „auf Sparflamme". Sie tun nicht das, wofür sie eigentlich gemacht sind. Sie verweigern sich – sich selbst, den anderen Menschen und Gott.

Genau das tut der dritte Diener: Er vergräbt sein Talent. Und deshalb verfehlt er sein Leben.

Lied vor der Gewissenserforschung

GL 781 (Sag ja zu mir, wenn alles nein sagt, 3.–4. Str.)

Gewissenserforschung 1: Meine Talente

In mir sind Schätze verborgen, Geschenke Gottes, die ich vergraben und verstecken oder zur Geltung bringen kann. Gott hat mir Talente und Begabungen gegeben, nicht nur für mich selbst, sondern auch dafür, dass ich mich für mehr Gerechtigkeit in der Welt einsetzen kann.

Dieser Einsatz gelingt aber nur dann, wenn meine Beziehung zu mir selbst stimmt.

Wir fragen uns deshalb:

- Bin ich dankbar für meine Begabungen, Fähigkeiten und Talente, und setze ich sie ein?
- Nehme ich mich so an, wie ich bin?

- Kann ich auch meine Schwächen und Fehler annehmen und zu ihnen stehen?
- Trage ich Sorge für mich selbst? Pflege ich meinen Körper und meine Seele?
- Gehe ich mit meinen Kräften haushälterisch um, und sorge ich auch für meine Gesundheit?
- Wie gehe ich mit meinen Leidenschaften und Begierden um? Dienen sie dem Leben oder versklaven sie mich?
- Bilde ich mir etwas auf mich ein? Bin ich eitel und stolz?
- Kann ich dankbar Ja sagen zu meinem Leben, so wie es geworden ist?
- Bin ich zufrieden?

Meditative Musik

Gewissenserforschung 2: Die Talente der anderen

Des einen Schatz – des andern Leid:
Wir leben in Wohlstand auf Kosten von Menschen in fernen Ländern, wir leben von ihren Bodenschätzen und Rohstoffen, wir leben von ihrer Arbeit, von ihrem Schweiß, von ihren Tränen.

- Ist mir dieser Zusammenhang bewusst und suche ich nach Wegen, daran etwas zu ändern?
- Lasse ich mich immer wieder durch kleine Veränderungen ermutigen oder resigniere ich angesichts der weltweiten Verflechtungen?

Und wie ist es mit den Menschen, denen ich begegne?

- Wie gehe ich mit ihren Schätzen um?
- Weiß ich sie zu schätzen und bin ich dankbar dafür?
- Oder beneide ich die anderen um das, was sie geschenkt bekommen haben?
- Ziehe ich vielleicht sogar ihre Schätze in den Schmutz?
- Ist meine Haltung gegenüber meinen Mitmenschen von Achtung und Respekt bestimmt?
- Bemühe ich mich in meiner Umgebung um ein friedvolles und versöhnliches Zusammenleben?
- Nehme ich mir Zeit für die Menschen, die ihr Leben mit mir teilen?
- Bin ich ehrlich und offen?
- Bin ich bereit zu helfen, damit andere ihre Talente und Fähigkeiten entwickeln können?

Meditative Musik

Gewissenserforschung 3: Die Talente und Schätze, die Gott schenkt

- Wie ist meine Beziehung zu dem, der mir meine Talente und Schätze geschenkt hat? Bin ich offen für Gott? Pflege ich die Beziehung zu ihm?
- Nehme ich mir Zeit, in Stille und Gebet auf Gott zu hören?
- Lese ich öfters die Bibel und religiöse Literatur, interessiere ich mich für religiöse Sendungen im Fernsehen?
- Wie wichtig sind mir der Gottesdienst und die Angebote unserer Pfarrei?
- Benütze ich sie, die Beziehung zu Gott und zu meinen Mitmenschen zu erneuern und zu vertiefen?
- Bemühe ich mich um eine faire Beurteilung meines Glaubens und meiner Kirche, gebe ich Gott und der Kirche eine Chance in meinem Leben?

In der Natur können wir Gott erfahren. Gottes gute Schöpfung ist ein großer Schatz. Wir sind ein Teil davon, und wir freuen uns über Berge und Wälder, Seen und Felder, Pflanzen und Tiere. Wir erholen uns in der Natur und wir leben von ihr.

- Ist das für mich selbstverständlich oder bin ich dankbar dafür? Lebe ich so, dass auch spätere Generationen noch in und von der Natur leben können?

Vielleicht gibt es Schwächen und Unversöhntes, die noch nicht genannt wurden.

- Wo möchte ich in der nächsten Zeit am meisten aufpassen oder ganz besonders an mir arbeiten?

Meditative Musik

Schuldbekenntnis

Wir verteilen euch jetzt einen Schuldschein, auf dem ein Schuldbekenntnis steht, das wir gemeinsam beten:

Schuldscheine austeilen, auf den Schuldscheinen steht das Schuldbekenntnis:

Gott, in der Taufe ist uns Jesus ein Bruder und Freund geworden.
Doch ich weiche immer wieder ab von seiner Spur, die er uns in den Gleichnissen, in seinen Worten und Taten gezeigt hat,
und gehe eigene Wege.
Ich bekenne, dass ich gesündigt habe,
ich bekenne, dass ich Gutes unterlassen und Böses getan habe
in Gedanken Worten und Werken.
Gott, es tut mir leid.

Bitte um Vergebung
Gott, der barmherzige Vater, hat durch den Tod und die Auferstehung seines Sohnes die Welt mit sich versöhnt und den Heiligen Geist gesandt zur Vergebung der Sünden. Er schenke uns Verzeihung und Frieden und befreie uns von unseren Sünden im Namen des Vaters und des Sohnes und des Heiligen Geistes.

Versöhnungsritual
Alle sind jetzt eingeladen, nach vorne zu kommen und ihren Schuldschein abzugeben. Im Anschluss an den Gottesdienst werden wir diese vor der Kirche verbrennen.

Alle kommen nach vorne; Liturgen und Lektoren nehmen die Schuldscheine entgegen und zerreißen sie. Dabei können die Hände aufgelegt werden mit den Worten:

„Der Herr befreie dich von aller Schuld, er befreie dich zum Leben!“

Die zerrissenen Schuldscheine werden in eine Feuerschale geworfen.

„Mitnehmsel“
Man kann einen kleinen Halbedelstein zur Erinnerung an den Gottesdienst mitgeben. Die Schuldscheine können nach dem Gottesdienst zusammen mit den Schuldscheinen vom Versöhnungsweg verbrannt werden oder auch im Osterfeuer in der Osternacht.

Abschluss
Zum Schluss singen wir ein Passionslied. Passion heißt Leidenschaft, leidenschaftlich liebt uns Jesus Christus, und aus Liebe nimmt er das Kreuz auf sich. Ich lade euch ganz herzlich ein zur Teilnahme an den Gottesdiensten der kommenden heiligen Tage.

Schlusslied GL 291 Holz auf Jesu Schulter

Schlussgebet/Segen
Der Herr sei mit euch!
Gott lenke eure Herzen durch seine Liebe und mit der Geduld Christi.
So könnt ihr ein neues Leben führen und Gott in allem gefallen.
Dazu segne euch der allmächtige Gott, der Vater und der Sohn und der Heilige Geist. Amen.
Gehet hin in Frieden!

(Wir gehen nach draußen und verbrennen die Schuldscheine.)

WEISST DU, WO DER HIMMEL IST?

VERSÖHNUNGSWEG FÜR JUGENDLICHE UND ERWACHSENE IN DER KIRCHE

Vorbereitung

Station 1 – Weißt du, wo der Himmel ist?

- Bilder, z. B. Fotos von Wolken, Sonne, Himmel, Natur-Fotos; Fotos von gelingendem Leben (Himmel auf Erden): Kinderlächeln, Fest, Händedruck, Umarmung, Begegnung, Verliebtsein, Unternehmungen (Spiel, Sport, Wanderung ...)
- Darstellungen von Himmel/Paradies in der Kunst oder alternativ: Zeichnungen von Kindern oder Jugendlichen, wie sie sich den Himmel vorstellen, z. B. aus dem Religionsunterricht oder aus einer Jugendgruppe
- Lieder zum Thema „Himmel“ (s. Anhang, S. 149; die Lieder können mit MP3-Player o. ä. akustisch präsentiert werden; die Liedtexte auf Blätter kopieren)
- Texte zum Thema „Himmel“ (s. Anhang, S. 149 f.)
- Bilder und Texte auf einem Tischchen (o. ä.) präsentieren: A5-Blätter (festes Papier) auf A6 falten, so dass sie stehen; oder an einer Wand als Plakat gestalten.
- Impulskarten

Station 2 – Ich sehe den Himmel offen

- Ein Steinhaufen (etwa faustgroße, kantige Steine)
- Ein Bild oder eine Statue des heiligen Stephanus
- Kopierter Bibeltext: Apg 6,8–10; 7,54–60 mit Überschrift: Das Martyrium des heiligen Stephanus
- Impulskarten

Station 3 – Himmelsleiter

- Kleine Leiter aus Holz, an der die Engel „hochsteigen“
- Bild/Plakat von Sieger Köder: „Jakobs Traum“
- Meditationsbildchen „Jakobs Traum“ zum Mitnehmen: (Bild von Sieger Köder, Text von Theo Schmidkonz SJ, erhältlich beim Rottenburger Kunstverlag VER SACRUM, 72108 Rottenburg am Neckar)
- Christbaum-Aufhänger oder S-förmige Drahtstücke

- Aus Papier ausgeschnittene Engel mit Loch (zum Aufhängen)
- Stifte
- Impulskarten

Station 4 – Wir gehören dem Himmel
- Ein „YOUCAT" mit Lesezeichen bei folgenden Nummern: 52 Was ist der Himmel?; 89 Wem verspricht Jesus das Reich Gottes?; 158 Worin besteht der Himmel?; 520 Was bedeutet „Dein Reich komme"?
- Geschichte: Der Adler, der nicht fliegen wollte
- Eine Bibel
- Tonpapier
- Ein (anfangs) leeres Schreibbuch oder -heft
- Stifte
- Evtl. Bastelanleitungen mit Material für einen Adler. Eine Anleitung zum Adler-Basteln befindet sich in Hofrichter u. a. 1994, Handreichung S. 108 f.
- Impulskarten

Station 5 – Himmel auf Erden?
- Ein Meditationsbüchlein oder gestaltete Texte aus den aktuellen Unterlagen von Fastenopfer oder Misereor
- Variante: Wenn der Versöhnungsweg nicht in der Fastenzeit stattfindet, oder wenn kein Hungertuch vorhanden ist, kann diese Station auch mit Bildern und aktuellen Zeitungsberichten über menschliches Elend gestaltet werden, z. B. Flüchtlingsströme, Krieg und Terror, andere aktuelle Katastrophen.

Station 6 – Die Stimme aus dem Himmel
- Die Taufe Jesu im Jordan mit Figuren gestalten (z. B. Egli-Figuren aus der Weihnachtskrippe)
- Mit Drahtgestell und Tüchern einen „Himmel" aufstellen, der sich über den Figuren von Jesus und Johannes öffnet
- Eine Taube aus weißem Karton in den Himmel hängen, mit Aufschrift: „Du bist mein geliebter Sohn", auf der anderen Seite: „Du bist meine geliebte Tochter"
- Kopierter Bibeltext: Mk 1,7–11
- Weihwasser bereitstellen: z. B. im Taufstein, oder in einer (Jakobs-)Muschel
- Impulskarten

- Variante: Die Station kann auch vor einem Altarbild aufgebaut werden, das die Taufe Jesu im Jordan zeigt, wenn die Szene in der Kirche dargestellt ist.

Station 7 – Himmel für andere sein

- Beim Opferlicht-Ständer einen Tisch mit Kerzen und Material zum Kerzen-Verzieren (Verzierwachs, Bastelunterlage, Messer, etc.) aufstellen
- Eine selbst gebastelte Kerze anzünden
- Impulskarten

Abschluss – Sich versöhnen

- Ein kleines Tischchen mit ausgeschnittenen Wolken (schwarzes oder dunkelblaues festes Papier)
- Eine Schale
- Impulskarten

EINLADUNG AM EINGANG

Herzlich willkommen zum Versöhnungsweg!

In der Kirche sind Stationen aufgebaut.

Wir laden dich ein,
die Impulse anzuschauen, die Texte zu lesen,
auf dich wirken zu lassen,
mit deinem Leben zu verbinden.

Du brauchst nur ein wenig Zeit.

Du kannst den Versöhnungsweg allein
oder auch mit einem Gesprächspartner gehen.

STATION 1 – WEISST DU, WO DER HIMMEL IST?

Präsentation

- Auf einem Tisch oder einer Kirchenbank liegen Bilder, Lieder und Texte zum Thema Himmel. Die Bilder können auch an einer Stellwand präsentiert werden.

Impuls

Sonne und Wolken, Mond und Sterne, Licht und Dunkel – der Himmel (engl.: „sky") hat seit Urzeiten die Menschen fasziniert. Er hat in ihnen die Ahnung geweckt, dass es einen Himmel (engl.: „heaven") gibt, der mehr ist als das, was man mit den Sinnen erfassen kann, einen Ort absoluter Geborgenheit und grenzenloser Freiheit. Lass dich von den „himmlischen" Texten und Bildern inspirieren!

Himmel ist da, wo Menschen Glück, Frieden, Schönheit, Harmonie, Leben, Freude und noch viel mehr erfahren können.
Himmel ist da, wo Gott wohnt.
Wo spüre ich in meinem Leben etwas vom Himmel auf Erden?

- Bin ich überhaupt empfänglich für diesen Himmel („heaven"), oder glaube ich nur, was ich sehen kann und was sich beweisen lässt („sky")?
- Was müsste ich an mir ändern, um den Himmel („heaven") besser wahrnehmen zu können?

STATION 2 – ICH SEHE DEN HIMMEL OFFEN

Präsentation

- Vor einer Statue oder dem Bild des hl. Stephanus ist mit faustgroßen kantigen Steinen ein Steinhaufen aufgeschichtet.

Impuls

Stephanus, der erste Märtyrer der Kirche, bekannte sich mit den Worten „Ich sehe den Himmel offen" zum christlichen Glauben. Daraufhin wurde er gesteinigt.

Lies den Märtyrerbericht des Stephanus aus der Apostelgeschichte! Nimm einen Stein in die Hand, schau ihn an und bedenke dein Leben.

Stephanus ist Christus bis in den Tod nachgefolgt.
- Wie stehe ich zu Christus und zur Kirche?
- Stehe ich auch in meinem Alltag zu meinem Glauben, auch wenn ich Angst haben muss, belächelt und nicht für voll genommen zu werden?

Die Menschen sehen nicht den offenen Himmel. Voller Hass steinigen sie Stephanus.
- Was macht mich „hässig"?
- Wo habe ich meinen Zorn, meine Wut, meinen Neid nicht im Griff?
- Wo lasse ich andere Meinungen nicht gelten?
- Wo stimme ich ein in schädliche Stammtischparolen und Vorurteile?
- Wo habe ich anderen wehgetan?
- Wo ist mein Herz hart wie dieser Stein?

Lege den Stein wieder zurück!

STATION 3 – HIMMELSLEITER

Präsentation
- An einer Säule oder einer Wand lehnt eine kleine Holzleiter, an der ein paar Engel hängen. Daneben das Bild von Sieger Köder: „Jakobs Traum", sowie ein Korb mit Meditationsbildchen und ein Korb mit aus Papier ausgeschnittenen Engeln.

Impuls
Schau dir das Bild an!
Lies den Text auf dem Meditationsbildchen und die Bibelstelle von der Begegnung Jakobs mit Gott!
- Wo berühren sich für dich Himmel und Erde?
- Was könnte für dich eine Himmelsleiter sein?
- Was wäre für dich wichtig auf dem Weg nach oben, in den Himmel?

Du darfst deine Gedanken auf einen der kopierten Engel schreiben und den Engel an die Himmelsleiter hängen.

Du darfst ein Meditationsbildchen mitnehmen.

STATION 4 – WIR GEHÖREN DEM HIMMEL

Präsentation

- Auf einem Tisch oder einer Kirchenbank liegen ein „YOUCAT“, eine Bibel, ein leeres Buch oder Heft, Tonpapier, Stifte, Bastelanleitung für einen Adler.
- Geschichte: Der Adler, der nicht fliegen wollte (in: Hofrichter u.a., Jugendbuch, S. 26 – Literaturangabe s. S. 151)

Impulse

Lies die Geschichte vom Adler!
Ich gehöre dem Himmel und nicht nur der Erde.

- Was könnte das für dich ganz persönlich bedeuten?

Gerne darfst du einige deiner Gedanken in das aufliegende Buch schreiben.

Wenn du willst und wenn du Zeit hast:
Lies Texte zum Thema Himmel und zum Reich Gottes in der Bibel und im Jugendkatechismus der Katholischen Kirche. (Bitte die Einmerker in den Büchern lassen.)

Oder du kannst einen Adler basteln. Du darfst gerne eine Bastelanleitung für den Adler mitnehmen.

STATION 5 – HIMMEL AUF ERDEN

Präsentation

- Beim Hungertuch liegen Texte aus den aktuellen Unterlagen von Misereor bzw. Fastenopfer. Oder es liegen Zeitungsberichte und Bilder von menschlichem Elend auf.

Impulse

Wir können den Himmel auf Erden nicht bewirken.
Es gibt so viel Gewalt, Unrecht, Hass und Leid.
Aber wir können dazu beitragen, dass unsere Welt ein wenig besser wird, dass sich das Gute zumindest in unserem persönlichen Umfeld durchsetzt, dass ein klein wenig mehr Himmel auf Erden erfahrbar ist.

(An dieser Station kann auf die aktuelle Fastenkampagne Bezug genommen werden.)

- Betrachte das Hungertuch!
- Auch in diesem Bild scheint immer wieder der Himmel durch.
- Nimm ein Büchlein mit den Meditationen zum Hungertuch (Titel: Im Garten der Schöpfung)!
- Lass dich von den Texten zum Meditieren anregen!
- Wenn es noch welche gibt, darfst du das Büchlein mit nach Hause nehmen.

STATION 6 – DIE STIMME AUS DEM HIMMEL

Präsentation

- Mit (Egli-)Figuren wird die Taufe Jesu dargestellt. Im Taufstein oder in einer Schale steht Weihwasser bereit.

Impuls

Jesus wird von Johannes im Jordan getauft.
Schau dir die dargestellte Szene an und lies den Bibeltext über die Taufe Jesu.

Schrifttext Mk 1,7–11

Impuls

Der Himmel spricht auch zu dir: Du bist Gottes geliebtes Kind.

- Wo spüre ich, dass sich der Himmel auftut für mich?
- Wo merke ich, dass Gott etwas von mir will?
- Was bin ich bereit zu tun für die Pfarrei, für meinen Glauben, für die Kirche, für andere Menschen, für das Reich Gottes, damit ein wenig Himmel auf Erden durch mich möglich wird?

Mache dir jetzt bewusst:
Ich bin getauft, ich gehöre zur Kirche.
Gott hat mich lieb.

Lies das Gebet neben der Schale mit Weihwasser.
Tauche danach den Finger ins Wasser und mach damit das Kreuzzeichen auf deine Stirn: Gott hat dich auserwählt!

Gebet

Gott,
ich bin getauft
mit lebendigem Wasser
und mit Heiligem Geist.
Ich wurde übergossen
mit deiner
grenzenlosen Liebe.

Ich bin
dein geliebtes Kind.
Du hast etwas ganz
Besonderes mit mir vor.
Ich danke dir,
dass du mir zutraust,
an deinem Reich mitzubauen.

Gib mir jeden Tag neu
die Kraft,
als Getaufte/r zu leben.
Im Namen des Vaters
und des Sohnes
und des Heiligen Geistes.

STATION 7 – HIMMEL FÜR ANDERE SEIN

Präsentation

- Auf einem Tisch brennt eine selbst gebastelte Kerze, daneben weitere Kerzen und Material zum Verzieren der Kerzen.

Impuls

Zünde ein Licht an, anstatt über die Dunkelheit zu klagen!

Zünde die Kerze an und schau in die Flamme.
Dieses Licht ist Licht vom Himmel,
es erzählt von der Herrlichkeit Gottes.
Gott will in dir die Flamme seiner Liebe entzünden.

Du kannst das Licht seiner Liebe weiterschenken,
anderen Licht schenken,
deine schönen Lichtmomente mit anderen teilen.

Wir laden dich ein, einem anderen Menschen einen Lichtfunken, einen Lichtmoment zu schenken:
Denke an schöne Erlebnisse, an Lichtmomente in deinem Leben.
Verziere eine kleine Kerze und versuche dabei, deine Lichtmomente symbolisch darzustellen.
Überlege, wem du eine Freude machen, wem du ein wenig Licht schenken willst.
Nimm die verzierte Kerze mit und schenke sie weiter.

Wenn du willst, darfst du eine weitere Kerze verzieren und hier lassen.
Wenn du keine Kerze verzieren kannst, darfst du auch (falls vorhanden), eine bereits verzierte Kerze zum Verschenken mitnehmen.

ABSCHLUSS – SICH VERSÖHNEN

Präsentation

- Auf einem Tischchen liegen aus schwarzem oder dunkelblauem festem Papier ausgeschnittene Wolken. Daneben eine Schale und das Versöhnungsgebet.

Impuls

Lass dich versöhnen mit Gott, mit deinen Mitmenschen, mit dir selbst.

Manchmal verdunkeln schwarze Wolken den Himmel,
manchmal verdunkeln deine Sünden das Leben.

Nimm eine dunkle Wolke.

Denke daran, was in deinem Leben nicht gut läuft,
denke an deine schwarzen Wolken,
denke an deine Sünden.

Bitte Gott um Verzeihung!

Vielleicht kannst du selbst ein Gebet formulieren,
oder das Gebet auf dem Kärtchen sprechen.

Schau nochmal auf deine dunkle Wolke,
schau auf deine Sünden.

Zerknülle deine Wolke und lege sie in die Schale.

Die Wolken werden im Bußgottesdienst am *(Datum)* um *(Uhrzeit)*, zu dem du herzlich eingeladen bist, vor der Kirche verbrannt.

Gebet um Versöhnung

Gott, Vater im Himmel,
ich habe gegen dich,
gegen meine Mitmenschen
und gegen mich selbst gesündigt.
Es tut mir leid.

Aber durch deinen Sohn Jesus Christus,
hast du mich befreit aus der Gewalt des Bösen
und mich mit dem Himmel verbunden.
Du schenkst mir einen neuen Anfang.
Du vertreibst meine dunklen Wolken und
lässt den Himmel wieder über mir leuchten.

Befreie mich
von meinen Sünden, Ängsten und Schwächen.
Gib mir Einsicht in meine Fehler
und den Mut, mich zu ändern.

Hilf mir, dir zu vertrauen und zu folgen,
heute und alle Tage meines Lebens.
Amen.

Verabschiedung

Der Versöhnungsweg ist jetzt zu Ende.
Wir wünschen dir noch eine gesegnete österliche Bußzeit und laden dich herzlich zu den Gottesdiensten und Anlässen unserer Pfarrei in der Fasten- und Osterzeit ein!

HOLZ-WEGE

STATIONEN UND IMPULSE FÜR EINEN VERSÖHNUNGSWEG IN DER KIRCHE

Vorbereitung

Station 1: Spalt-Holz

- Ein Tuch
- Einige Holzscheite
- Eine Axt
- Text: Matthäus 3,1–12
- Text: „Zum Weiterdenken“
- Impulse

Station 2: Brenn-Holz

- Ein Tuch
- Anzünd-Holz
- Text: Jesus Sirach 18,8–13
- Text: „Zum Weiterdenken“
- Impulse

Station 3: Tot-Holz

- Ein Tuch
- Dürre kleine Äste und Zweige, evtl. mit „Augen“ oder „Knospen“
- Texte: Hohelied 2,11–13; Johannes 15,5; Jeremia 1,11–12
- Text: „Zum Weiterdenken“
- Impulse

Station 4: Kreuz-Holz

- Ein Tuch
- Haselstecken (o. ä.), ca. 20–30 cm lang
- Bast oder Schnur
- Schere
- Verschiedene Kreuze (Holz-, Bronzekreuz; mit und ohne Corpus; Franziskus-Kreuz, Tau-Kreuz …)
- Neues Testament
- Texte zum Thema „Kreuz“ (s. S. 103)
- Text: „Zum Weiterdenken“
- Impulse

Station 5: Saat-Holz

- Ein Tuch
- Eine Schale mit Apfelkernen
- Impulse

Station 6: Bau-Holz

- Ein Tuch
- Holzbausteine
- Text: 1. Petrusbrief 2,1–10
- Text: „Baue die Kirche auf!“ (s S.105)
- Impulse

Station 7: Streich-Holz

- Ein Tuch
- Eine Kerze
- Eine Schachtel Streichhölzer
- Eine Schüssel
- Text: Apostelgeschichte 2,1–4
- Impulse

Abschluss

- Versöhnungsgebet

STATION 1 – SPALT-HOLZ

Präsentation

- Auf einem Tuch liegen einige Holzscheite und eine Axt.
- Schrifttext: Matthäus 3,1–12

Impuls

Nimm ein Holzscheit in die Hand und betrachte es.

Holz – gespalten, zerhackt, gewaltsam zerteilt.
Dieses Holz – verknorzt, hart, trocken –
dieses Holz ist ein Bild für mein Leben.

Betrachte das Holzscheit, entdecke in deinem Leben, was gespalten ist, gespalten wie dieses Spalt-Holz.

- Wo fühle ich mich wie dieses Holzscheit, gespalten und innerlich zerrissen?
- Wo ist mein Leben verknorzt und ohne Lebendigkeit?
- Wem gegenüber bin ich hart, verhärtet, verbittert?

Lege das Holzscheit wieder zurück.

Schrifttext Matthäus 3,1–12

Zum Weiterdenken

Kehrt um! Denn das Himmelreich ist nahe!
Johannes ruft mich zur Umkehr auf.
Die Fastenzeit ruft mich zur Umkehr auf.
Nicht nur Umkehr, sondern Hinkehr,
sich hinwenden zum Himmelreich, zu Gott,
zu den Menschen, zu mir selbst.

Bringt Frucht hervor, die eure Umkehr zeigt!
Gute Werke tun, tröstende Worte sprechen, Frieden stiften, Armen helfen, zuhören, Zeit haben, Einsame besuchen, meinen Jähzorn beherrschen, ein Kind anlächeln, die Angst vor Fremden überwinden, mich mit dem Nachbarn versöhnen, meinen Lebensstil überdenken … Es gibt viele Früchte, die Umkehr zeigen, die das Reich Gottes schon hier auf Erden anbrechen lassen.

Schon ist die Axt an die Wurzel der Bäume gelegt.
Es ist ernst! Ich kann mein Leben verfehlen.
Ich selbst bin es, der die Axt an die Wurzel legt,
der den Ast absägt, auf dem ich sitze.
Johannes der Täufer braucht harte Worte: Ihr Schlangenbrut!
Sind damit nur die Pharisäer und Sadduzäer gemeint?
Oder meint er auch mich?

Er wird euch mit dem Heiligen Geist und mit Feuer taufen.
Ich kann mein Leben ändern. Es ist kein blindes Schicksal.
Ich kann und darf auch mitgestalten: mein Leben, die Kirche, die Welt.
Ich bin nicht allein. EINER geht mit mir, tauft mich mit Heiligem Geist, gibt mir Kraft, erfüllt mich mit dem Feuer seiner Liebe.
Er ist stärker als Johannes, er ist stärker als ich, und ihm will ich vertrauen.

STATION 2 – BRENN-HOLZ

Präsentation

- Auf einem Tuch ist mit Anzünd-Holz eine Lagerfeuer-Pyramide aufgebaut.
- Schrifttext: Jesus Sirach 18,8–13

Impuls

Brennholz – Energiequelle
Holz war viele Jahrhunderte notwendig zum Leben, zum Überleben. Das Holzfeuer war Schutz gegen die Kälte, gegen die Schrecken der Dunkelheit, gegen wilde Tiere und zwielichtiges Gesindel, Schutz gegen das Böse. Es erhitzte das Wasser in Dampfmaschinen, trieb (wie auch die Kohle) Lokomotiven und Schiffe an. Auch heute noch spendet es Wärme im Kachelofen und in der Holzschnitzelheizung.

Dieses Brennholz wartet darauf, angezündet zu werden,
ins Feuer geworfen zu werden, zu brennen.
Dieses Brennholz wartet darauf,
zu Feuer zu werden, zu Energie, zu Licht und zu Wärme.

- Feuer ist Energie, Brennholz ist Quelle und Nachschub dieser Energie.
- Woher beziehe ich meine Lebens-Energie,
- Was sind meine Energiequellen?
- Wofür setze ich meine Energie ein?
- Welche Feuer halte ich am Brennen, was ist mir wichtig im Leben?
- Wie steht es um das Feuer meines Glaubens?

Dieses Holz hält das Lagerfeuer am Brennen, man zündet es im Kamin an und braucht es beim Grillen. So trägt es bei zu Gemeinschaft, Gemütlichkeit, Wohlbefinden und guter Atmosphäre.
Wo sorge ich für eine gute Atmosphäre?

Schrifttext Jesus Sirach 18,8–13

Zum Weiterdenken
Was ist der Mensch, und wozu nützt er?
Was ist gut an ihm, und was ist schlecht?
Was bist du, und wozu nützt du?
Was ist gut an dir, und was ist schlecht?
Der Sinn des Brennholzes ist „brennen",
Wärme geben und Licht – dazu nützt es.
Wozu nützt du, was ist der Sinn deines Lebens?

STATION 3 – TOT-HOLZ

Präsentation
- Auf einem Tuch liegen von einem Strauch/Baum (am besten: Rebe, Feige) mehrere dürre, kleine Äste und Zweige; evtl. mit „Augen" oder „Knospen".
- Schrifttexte: Hohelied 2,11–13; Johannes 15,5; Jeremia 1,11–12

Impuls
Winter, Frost, Kälte.
Der Lebenssaft zieht sich zurück, die Blätter sind abgefallen.
Aus, vorbei, keine Zukunft.
Tot-Holz.

Aber da, am Tot-Holz:

Augen, aus denen neue Triebe sprießen könnten,
Knospen, noch hart und tot,
an den Reben, an den Ästen und Zweigen,
an Feige und Mandelbaum,
Augen und Knospen – sie könnten wachgeküsst werden vom Frühling,
geweckt werden vom Leben, ins Leben.
Das Tot-Holz wird zum Hoffnungs-Holz.

- Wo bin ich Tot-Holz, ohne Leben, ohne Kraft, ohne Mut?
- Wo könnte bei mir etwas hervorsprießen, austreiben, wachsen?
- Was gibt mir Hoffnung für mein Leben, für meine Familie und für alle Menschen, die das Leben mit mir teilen?
- Was gibt mir Hoffnung für unsere Pfarrei, für die Kirche, für unsere Welt? Und was tue ich, damit die Hoffnung treibt?

Schrifttexte Hohelied 2,11–13; Johannes 15,5; Jeremia 1,11–12

Zum Weiterdenken
Das Zeichen
Freunde, dass der Mandelzweig wieder blüht und treibt,
ist das nicht ein Fingerzeig, dass die Liebe bleibt?
Dass das Leben nicht verging, so viel Blut auch schreit,
achtet dieses nicht gering in der trübsten Zeit.
Tausende zerstampft der Krieg, eine Welt vergeht.
Doch des Lebens Blütensieg leicht im Winde weht.
Freunde, dass der Mandelzweig sich in Blüten wiegt,
das bleibt mir ein Fingerzeig für des Lebens Sieg.

1942 schreibt Schalom Ben-Chorin diese Zeilen. „Das Zeichen" nennt er sein Gedicht. Er schreibt es, als sich die Schreckensmeldungen über den Krieg und die Vernichtung seines Volkes häufen. Wenn der Mann, der 1935 aus Nazi-Deutschland floh, verzagt und hoffnungslos ist, tröstet ihn die leise Botschaft des Mandelbaums. Denn er blüht, wenn ringsum noch alles kahl ist und auf den hohen Hügeln rund um Jerusalem noch Schnee liegt. In Israel ist er auch heute noch ein Symbol für das neue Leben nach dem Winter.
Schalom Ben-Chorin blieb zeitlebens in seiner Muttersprache zu Hause und schrieb deutsch. Ob sein berühmtes Gedicht ins Hebräische übersetzt wurde? Im Hebräischen läge die Anleihe beim Propheten Jeremia offen zutage. Dort heißt es in 1,11–12: „Und siehe

des Herrn Wort geschah zu mir und er sagte: Was siehst du, Jeremia? Und ich antwortete: Ich sehe den Zweig eines Mandelbaums (schaked). Und der Herr sprach zu mir: Du hast recht gesehen, denn ich wache (schoked) über mein Wort, dass ich es halte." Der Kundige erkennt das Wortspiel und versteht: Der Mandelbaum ist Zeichen, dass Gott über seine Schöpfung wacht. *(Margret Johannsen)*

STATION 4 – KREUZ-HOLZ

Präsentation

- Ort zum Lesen, Basteln und Schreiben.
- Auf einem Tuch liegen ca. 20 bis 30 cm lange Haselstecken oder ähnliche Holzstücke, Bast oder Schnur, Schere, mehrere verschiedenartige Kreuze (Holzkreuz, Bronzekreuz, mit Corpus und ohne, Franziskus-Kreuz, Tau-Kreuz, …)
- Ein Neues Testament ist mit Einmerkern bei den Passionsgeschichten der vier Evangelien versehen: Matthäus: Kapitel 26–28; Markus 14–15; Lukas 22–23; Johannes 18–19.

Impuls

Seht, das Holz des Kreuzes,
an dem gehangen das Heil der Welt!
Mit diesen Worten wird uns am Karfreitag das Kreuz präsentiert.

Das Kreuz – Zeichen des Todes,
Zeichen von unsagbarem Leid,
von Verzweiflung, Angst und Schmerzen.
Aber durch den, der da hing und immer noch hängt,
wenn Menschen sich zu Spießgesellen des Todes machen lassen,
durch Jesus von Nazareth,
wurde das Kreuz-Holz zum Lebens-Holz.
Er begleitet mich auf meinem ganz persönlichen Kreuzweg.
Ich bin nicht allein.

Das Kreuz – Zeichen meiner Nachfolge,
Zeichen meines Glaubens,
Zeichen meiner Hoffnung:
Der Tod hat nicht das letzte Wort, das Leben ist stärker.
Auch mein Kreuz-Holz wird zum Lebens-Holz.

Das Kreuz
verbindet Himmel und Erde,
Gott und Mensch,
Mensch und Mensch;
verbindet uns zu einer großen, weltweiten Gemeinschaft.
Im Kreuz verbunden,
im Glauben verbunden,
in der Liebe verbunden.

Zum Weiterdenken

- Was macht dir dein Leben schwer, was belastet dich, was ist dein Kreuz, das du zu tragen hast?
- Vertraue darauf: Jesus geht mit dir!
- Das Kreuz-Holz ist Zeichen für deinen Glauben. Wie steht es damit? Nimmst du dir Zeit für Gott? Lebst du deinen Glauben durch Beten, durch Mitmachen in der Pfarrei, durch Sorge um deine Mitmenschen?
- Das Kreuz verlangt Entscheidung: Du bist ein Teil von Kirche! Es hängt auch von dir ab, wie Jesus, Kirche und Glauben bei den Menschen ankommen. Stehst du in deinem Lebensalltag zu deinem christlichen Glauben und siehst du auch das Positive an der Kirche?

Impuls

- Lies die Kreuzigungsgeschichte im Johannes-Evangelium (Joh 19,16b–30).
- Lies einige der Kreuz-Texte auf den Kärtchen.
- Wenn du viel Zeit hast: Lies in der Bibel eine oder mehrere Passionsgeschichten in den Evangelien (Matthäus: Kapitel 26–28; Markus 14–15; Lukas 22–23; Johannes 18–19).

Kreatives Element

Dein Kreuz-Holz
Du darfst aus zwei Hölzern und dem Bast ein Kreuz basteln.
Wenn du das nicht kannst, darfst du ein fertiges Kreuz mitnehmen.
Du darfst auch mehrere Kreuze basteln; nimm eines mit, lege die restlichen in die Schale.

Kreuz-Texte
Holz auf Jesu Schulter (GL 291)

Geschichte: Christus – mit Kreuz
Eine Legende aus dem Leben des heiligen Martin von Tours erzählt, er habe eines Nachts eine Erscheinung gehabt in Gestalt eines majestätischen Königs.
Martin fragt ihn: „Wer bist du?"
Darauf antwortet sein Gegenüber: „Ich bin dein Heiland Jesus Christus."
Martin erwidert: „Wo hast du dann deine Wunden?"
Er antwortet: „Ich komme jetzt nicht als Verwundeter, nicht vom Kreuz, sondern vom Himmel her in meiner Herrlichkeit!"
Darauf der heilige Martinus mit aller Entschiedenheit: „Geh mir aus den Augen, du bist der Teufel. Den Heiland, der ohne Wunden ist, den mag ich nicht sehen; den erkenne ich nicht, der das Zeichen seines Leidens und seines Kreuzes nicht hat." *(Herkunft unbekannt)*

STATION 5 – SAAT-HOLZ

Präsentation
- Auf einem Tuch: Schale mit Apfelkernen.
- Ort: vor dem Hungertuch.

Das Samenkorn besteht aus denselben Einheiten wie Holz, nämlich aus Zellen. Auch wir könnten zu Zellen des Glaubens, der Hoffnung und der Liebe werden, zu „Saat-HOLZ".

Wenn ich wüsste, dass morgen die Welt unterginge, würde ich heute noch ein Apfelbäumchen pflanzen.

Diesen Satz soll Martin Luther einst gesagt haben, es lässt sich aber nicht belegen. Wahrscheinlich wurde dieser Spruch dem Reformator in der schwierigen, zwischen Verzweiflung und Hoffnung schwankenden Situation nach dem Zweiten Weltkrieg in den Mund gelegt, vermuten Historiker.

Auf alle Fälle erhellt der Spruch einen Aspekt der Fastenkampagne: Tu Gutes, auch wenn du (zumindest auf den ersten Blick) nichts davon hast. Deshalb: Gib die Hoffnung nicht auf!

Impuls

- Was für ein „Apfelbäumchen“ könntest du in deinem Lebensalltag pflanzen?

Nimm einen (oder mehrere) Apfelkern mit. Er soll dich daran erinnern, dass aus einem kleinen Saatkorn ein großer Baum wachsen kann, dass selbst eine kleine gute Tat etwas Großartiges bewirken kann.

Mögliche Ergänzung

Diese Station kann auch gut mit der aktuellen Fastenkampagne von Misereor (D), Fastenopfer (CH) kombiniert werden. Beim Spenden fragen sich immer wieder hilfsbereite Menschen, was ihr Almosen denn bewirken kann. Der Hinweis auf den Apfelkern kann eine Antwort darauf sein.
An die Station kann man Materialien (Texte, Meditationen, Informationen) der aktuellen Fastenkampagne legen.

STATION 6 – BAU-HOLZ

Präsentation

- Auf einem Tisch liegt ein Tuch mit ganz vielen Holz-Bausteinen (z. B. Kapla-Hölzer); gebraucht wird auch eine flache, nicht wackelnde Fläche zum Bauen.
- Schrifttext: 1. Petrusbrief 2,1–10

Impuls

Holz ist ein faszinierendes Baumaterial. Blockhütten, Ferienhäuser, Paläste und fast jedes Haus, in das wir kommen, ist auch mit Holz gebaut.
Die Holzbausteine wollen dich zum Nachdenken anregen:

- Was habe ich in meinem Leben schon aufgebaut?
- Was baut mich auf?
- Was gibt mir Mut und Kraft und Hoffnung?
- Baut mich der Glaube auf?
- Baue ich andere auf?

Schrifttext 1. Petrusbrief 2,1–10

Impuls

Du sitzt in der Kirche, in einem Haus aus Holz und Stein. Du bist aber auch Teil der Kirche, ein lebendiger Stein einer weltweiten Gemeinschaft.

- Wo ist eigentlich dein Platz in diesem geistlichen Haus?
- Kann man dich brauchen, oder liegst du am liebsten nutzlos am Rand herum, oder bist du gar eine Belastung?

Die Steine im Mauerwerk sind aufeinander angewiesen; sie tragen und stützen sich gegenseitig.

- Stützt du die anderen, in ihrem Leben, in ihrem Glauben?

Jesus lädt dich zum Mitbauen ein, am Reich Gottes und an der Kirche.

- Nimmst du sein Angebot an?

Geschichte: Baue die Kirche auf!

Vom heiligen Franz von Assisi erzählt man sich folgende Begebenheit:

Franziskus denkt darüber nach, was Gott mit ihm vorhat. Er läuft und läuft und erreicht das kleine Kirchlein San Damiano. Seine Mauern sind durch Sonne, Regen und Alter rissig geworden. Franziskus geht in die Kirche hinein. Sein Blick wird von einem großen Kreuz über dem Altar angezogen.

Er fällt auf die Knie: „Herr, was willst du, dass ich tun soll?" – „Franziskus, baue meine Kirche wieder auf!"

Impuls

Dieser Auftrag ist auch an dich gerichtet!

- Was kannst du dazu beitragen, dass deine Kirche wohnlich wird, in der sich die Menschen wohlfühlen, sich gegenseitig respektieren und achten, sich für die Schwachen einsetzen, Trauer und Freude, Hoffnung und Sorgen miteinander teilen …?
- Wie stellst du dir Kirche vor, welchen Traum hast du von der Kirche?

Kreatives Element

Gerne darfst du aus den Holzbausteinen eine Kirche bauen und so deine Gedanken zu einem schönen Gebäude werden lassen!

(Du darfst dafür natürlich die Kirche deines Vorgängers „abreißen".)

STATION 7 – STREICH-HOLZ

Präsentation

- Auf einem Tuch steht eine Kerze und eine Schachtel Streichhölzer; außerdem eine Schüssel für abgebrannte Streichhölzer. Als Ort eignet sich die Nähe zum Opferlicht-Ständer.
- Schrifttext: Apostelgeschichte 2,1–4

Impuls

Zünde ein Streichholz an!
Betrachte, wie es brennt.

- Zünde die Kerze damit an, und überlege:
- Was hat dich angesteckt, wovon bist du begeistert?
- Wofür „brennst" du, wofür setzt du dich ein?
- Du wurdest mit Heiligem Geist und mit Feuer getauft (vgl. Spalt-HOLZ-Station); brennt in dir noch das Feuer des Heiligen Geistes, das Feuer des Glaubens, das Feuer der Liebe?

Lösche jetzt die Kerze wieder aus und betrachte ein abgebranntes Streichholz. Überlege:

- Was löscht dich aus?
- Wofür hast du keine Kraft mehr?
- Wo hast du etwas ausgelöscht, den Heiligen Geist, die Liebe, etwas vom Leben?
- Wo bist du abgebrannt wie ein Streichholz, erschöpft, ausgebrannt?

Schrifttext Apostelgeschichte 2,1–4

Impuls

Auch du wurdest mit dem Heiligen Geist erfüllt.
Wo merkt man das in deinem Leben?
Was kannst du für die Kirche tun?

Diese Frage ist an uns alle gerichtet. Wir alle sind Kirche!
Machen wir uns neu auf und suchen wir miteinander die Glut unter der Asche. Und das Feuer kann brennen.

ABSCHLUSS DES VERSÖHNUNGSWEGES

Der „Holz-Weg" kann in ähnlicher Weise wie der Versöhnungsweg „Himmel" abgeschlossen werden. Auch das Element „Kerbholz" (s. o.) lässt sich gut integrieren. Das Versöhnungsgebet kann folgendermaßen abgewandelt werden:

Gott,
ich bin in die Irre gegangen,
ich bin einen falschen Weg gegangen,
ich war auf dem Holzweg,
ich habe etliche Kerben auf meinem Kerb-Holz.
Es tut mir leid.

Aber durch deinen Sohn Jesus Christus,
durch das Holz des Kreuzes
hast du uns Menschen befreit
aus der Gewalt des Bösen.

Du schenkst mir einen neuen Anfang,
und zeigst mir den Weg ins Leben,
in das Leben in Fülle.

Dann folgt die Vergebungsbitte.

ERDE, DIE TRÄGT

STATIONEN UND IMPULSE FÜR EINEN VERSÖHNUNGSWEG IN DER KIRCHE

Vorbemerkung

Dieser Versöhnungsweg zeigt, dass sich auch mit dem Thema und den Inhalten der jährlichen Fastenkampagne ein Versöhnungsweg gestalten lässt (2013 wurde in der Schweiz der Focus auf „Landraub" gelegt.) Der Versöhnungweg ist inspiriert durch die ökumenische Fastenkampagne 2013 „Ohne Land kein Brot" der Schweizer Hilfswerke „Fastenopfer" und „Brot für alle".

Vorbereitung

Station 1: Ohne Land kein Brot

- Bilder und Texte zum Thema „Landraub"
- Schrifttexte (s. S. 110 f.)
- Impulse

Station 2: Ackerboden

- Eine Schale mit Erde
- Text: Matthäus 13,3–8
- Impulse

Station 3: Waldboden

- Eine Schale mit Waldboden, Tannennadeln, Fichtenzapfen, Moos, Flechten, Pilzen, Zweigen …
- Kärtchen mit den Begriffen „Beten", „Grillplatz", „Lagerfeuer", „Ruhe", „Erholung", „Natur erleben", „frische Luft" …
- Gebet (s. S. 113)
- Text: Jeremia 17,7–8
- Impulse

Station 4: Steinboden

- Ein Tuch
- Glatte Steine
- Wasserfeste Filzstifte
- Text: Johannes 8,3–11
- Impulse

Station 5: Wüstensand

- Ein Tuch
- (Vogel-)Sand
- Ein kleiner Kaktus
- Steine
- Eine Bibel
- Ein Gotteslob/Kirchengesangbuch
- Mehrere Gebet- und Meditationsbüchlein
- Ein Blanko-Heft oder -Buch
- Stifte
- Text: Exodus 3,1–6
- Impulse

Station 6: Das Land, in dem Milch und Honig fließen

- Milch
- Verschiedene Honigsorten
- Eine Schale mit Blumenerde
- Eine Gartenschaufel
- Eine kleine Schüssel mit Sonnenblumenkernen
- Einige Blumentöpfe mit der Aufschrift: „Ich führe dich in das Land, in dem Milch und Honig fließen“
- Texte: Exodus 3,17; Offenbarung 21,1.3–6
- Impulse

STATION 1 – OHNE LAND KEIN BROT

Präsentation

- Auf einem Tuch liegen Kärtchen mit Bildern und Texten über aktuelle Beispiele zum Thema (z. B. Flüchtlinge aus Syrien, 2015); dabei sind Erlebnisse konkreter Menschen (z. B. freiwillige Helfer, Angestellte der Kommunen, Flüchtlingsfamilie) besser als allgemeine Informationen.

Impuls

Wir stehen auf der Erde.
Sie trägt und hält uns.
Sie gibt uns festen Grund.
Auf ihr gestalten wir unsere Lebenszeit.
Ihr verdanken wir unseren Lebensunterhalt.
Das Land ist unsere Lebensgrundlage.
Ein Land, ein Wohnort oder eine Gegend ist deine Heimat.

- Was gibt dir festen Boden und Standfestigkeit?
- Wie bist du mit der Erde verbunden?
- Wo ist deine Heimat? Was bedeutet dir Heimat?
- Wann hast du Heimweh? Wodurch wird Heimat bedroht?

Jedes Jahr werden viele tausend Menschen heimatlos.
Sie verlieren ihre Heimat durch Krieg und Gewalt, durch Umweltkatastrophen oder Landraub.
Du bist eingeladen, Menschen kennenzulernen, deren Heimat bedroht ist, und einige der Texte zu lesen, die auf dem Tuch liegen.
Lies auch, was Gottes Wort dazu sagt.

Schrifttexte

Die Heimat, die Erde, unser Land ist Geschenk; es ist auch Schicksal (Los, Glück?, Zufall?), dass wir hier leben dürfen.

Ich sage zum Herrn:
„Du bist mein Gott; mein ganzes Glück bist du allein."
Du, Herr, gibst mir die Heimat und reichst mir den Becher;
du hältst mein Los in deinen Händen.
Auf schönem Land fiel mir mein Anteil zu.
Ja, meine Heimat gefällt mir gut. (*Psalm 16,2.5–6)*

Gott hat uns die Erde, den Garten Eden, das Paradies gegeben mit dem Auftrag, uns um sie zu kümmern, für sie Sorge zu tragen.

Gott, der Herr, nahm den Menschen und setzte ihn in den Garten von Eden, damit er ihn bebaue und hüte. *(Genesis 2,15)*

Auch schon in biblischer Zeit verlieren Menschen ihre Heimat. Heute ist es nicht anders.

Euer Land ist verödet, eure Städte sind niedergebrannt,
Fremde verzehren vor euren Augen den Ertrag eurer Äcker;
verödet wie das zerstörte Sodom (Fukuschima, Aleppo, Homs) ist euer Land. (Jesaja 1,7)

STATION 2 – ACKERBODEN

Präsentation

- Auf einem Tuch steht eine Schale mit Erde.

Impuls

Braune Erde vom Ackerboden.
Die Erde ernährt uns, sie gibt uns Getreide, Karotten und alle Arten von essbaren Pflanzen.
In unseren Gärten und auf unseren Wiesen und Feldern wachsen wunderschöne Blumen, die unser Herz erfreuen.
Die Erde bringt Gras hervor, das die Tiere fressen.
Unsere Erde ist fruchtbar.

Unser Leben ist manchmal wie fruchtbare Erde.
Sie lässt Gutes wachsen, wir bringen Frucht, damit wir und andere leben können und glücklich sind.

Wir müssen säen:
gute Taten,
tröstende Worte,
Zeit – für uns selbst, für unsere Mitmenschen und für Gott.

Wir müssen uns um die Saat kümmern,
Unkraut jäten, gießen, sorgsam mit der Erde umgehen, damit wir ernten können:

Beziehungen pflegen,
nicht aufgeben,
dran bleiben.

Schrifttext Mt 13,3–8

Zum Weiterdenken

- Welche Früchte bringt mein Leben
- Was sind die Dornen meines Lebens, die mich verletzen, die meinen Glauben, meinen guten Willen ersticken?
- Was ist der felsige Boden, wo nichts wachsen kann, wo ich nicht weiterkomme?
- Was sind die Vögel, die mir den Mut nehmen, die mir die Hoffnung rauben, die meine Sehnsüchte stehlen?

STATION 3 – WALDBODEN

Präsentation

- In einer Schale ist Waldboden mit Tannennadeln, Fichtenzapfen, Moos, Flechten, evtl. Pilzen, Zweigen, etc. Auf Kärtchen können dazu folgende Begriffe gestellt werden: Beten, Grillplatz, Lagerfeuer, Ruhe, Erholung, Natur erleben, frische Luft etc.

Impuls

Erde aus dem Wald.
Der Wald reinigt die Luft.
Der Wald schützt vor Regen und Hitze, und in den Bergen vor Lawinen.
Aus dem Holz der Bäume bauen die Menschen Häuser, Möbel und viele nützliche Dinge.
Holz liefert auch Energie.
Im Wald leben viele Tiere, er ist ein Lebensraum.
Es ist schön, im Wald zu joggen, spazieren zu gehen, auf einer Lichtung zu grillen oder zu spielen.
Der Wald bietet viele Möglichkeiten zur Erholung.
Er ist eine Kraftquelle, auch ein Ort der Gotteserfahrung.

- Wo ist mein Lieblingsplatz, mein Erholungsort im Wald oder in der Natur?
- Gönne ich mir Zeiten der Erholung, des Ausruhens und Abschaltens, für mich allein, mit meinem Partner, in der Gemeinschaft?

- Was könnte ich mir Gutes tun in der nächsten Zeit? Musik machen oder hören, ein Buch lesen, nichts tun, spielen, spazieren gehen, mit jemandem eine Tasse Tee trinken …?

Schrifttext Jeremia 17,7–8

Gebet
Guter Gott,
lass uns wachsen und gedeihen wie ein Baum.
Klein und unscheinbar sind seine Samen.
Doch er wächst und kommt mit seinen Ästen dem Himmel nahe.
Seine Wurzeln sind mit der Erde kräftig verbunden.
Kaum ein Sturm kann ihn entwurzeln, kein Unglück umwerfen.
Gesegnet sind seine Zweige, denn sie tragen alle Jahre Blätter, Blüten und Früchte.
Seine Äste strecken sich dem Licht entgegen.
Vögel des Himmels wohnen in ihnen.
Guter Gott,
lass uns wachsen und gedeihen wie ein Baum.
Kräftig wollen wir werden und mit anderen zusammenstehen.
Ein dichter Wald, in dem Blumen und Tiere geschützt sind,
auf dessen Lichtungen die Sonne scheint und dessen Blätterdach vor Regen schützt.
Lass uns wie ein Wald sein,
der viele Wege hat, zum Spazieren gehen und toben.
Im Schatten seiner Bäume kann man Frieden finden.
Lass uns gesegnet sein, guter Gott.

STATION 4 – STEINBODEN

Präsentation
- Auf einem Tuch liegt ein Haufen glatter Steine; es kann mit ihnen auch ein „Stein-Boden“ gelegt werden. Wasserfeste Filzstifte zum Beschriften der Steine liegen bereit.
- Als Ort eignet sich gut ein Fastenkreuz (falls ein solches in der Fastenzeit in der Kirche aufgestellt wurde), ein Gebetsort in der Kirche (z. B. Seitenkapelle, Seitenaltar, Marienstatue, Fürbittbuch, Krypta, etc.; dort können dann die mit Gebeten beschrifteten Steine abgelegt werden.

Impuls

Steine.

Die Flüsse haben sie von den Bergen ins Tal gebracht und abgeschliffen.

Die Steine erinnern uns daran: Wir brauchen festen Boden unter den Füßen.

Wir denken auch daran, dass viele Menschen in armen Ländern nur steinigen Boden haben, der nicht sehr fruchtbar ist und wenig Nahrung liefert.

Der Stein ist ein Symbol für unser Leben, wenn es hart und schwer wird, für Scheitern und Versagen, für Schuldigwerden und Misslingen.

Nimm einen Stein in die Hand und denke nach:

- Wo ist mein Leben steinig, was belastet mich, was macht mein Leben schwer?
- Lege ich anderen Stolpersteine in den Weg, hindere ich andere am Leben, habe ich manchmal ein Herz aus Stein?
- Habe ich andere verletzt, beleidigt, verachtet, niedergemacht, schlecht über sie geredet, gedemütigt, nicht in ihrer Würde geachtet, mich von Vorurteilen leiten lassen?

Schrifttext Johannes 8,3–11

Kreatives Element

Du darfst einen Stein nehmen, ein kurzes Gebet oder ein paar Gedanken darauf schreiben und ans Fastenkreuz (an die Marienstatue, etc.) legen.

STATION 5 – WÜSTENSAND

Präsentation

- Auf einem Tuch ist eine Wüste aufgebaut; als Sand eignet sich besonders gut Vogelsand aus dem Tiershop; evtl. auch ein kleiner Kaktus, besondere Steine etc.
- Ein Gesangbuch (Gotteslob, KG), mehrere kleine Gebet- oder Meditationsbüchlein, ein Blanko-Heft oder -Buch, Stifte, eine Bibel (man kann Einmerker bei biblischen Wüstenerzählungen anbringen, z. B. Exodus 16,1–5: Auszug aus Ägypten; Matthäus 4,1–11: Versuchung Jesu).

Impuls
Die Wüste – ein lebensbedrohlicher Ort.
Hunger und Durst, Kälte in der Nacht, sengende Hitze am Tag, alles vertrocknet, Tod.
40 Jahre lang war das Volk Israel auf seiner Wüstenwanderung unterwegs.
40 Tage lang hat Jesus in der Wüste sich auf seine Sendung vorbereitet.
40 Tage lang dauert deshalb die Fastenzeit.
Die Wüste ist auch ein Ort der Gottesbegegnung, wie beispielsweise das Buch Exodus erzählt.

Schrifttext Exodus 3,1–6

Zum Nachdenken
- Suchst du die Nähe zu Gott, nimmst du dir Zeit für ihn?
- Wie steht es um dein Gebet?
- Machst du mit am Aufbau der Kirche, am Aufbau einer lebendigen Pfarrei, indem du zu Gottesdiensten und Anlässen kommst oder dich aktiv beteiligst?
- Stehst du im täglichen Leben zu deinem christlichen Glauben?
- Was siehst du Positives an der Kirche?

Kreatives Element
Nimm ein Gotteslob/Kirchengesangbuch zur Hand. Lass dich von einem der vielen Gebete inspirieren (siehe Verzeichnis der Gebete und Texte).
Oder blättere in dem Gebetbüchlein.
Du bist eingeladen, ein persönliches Gebet mit eigenen Worten in das offene Buch zu schreiben oder einen kurzen Text abzuschreiben.

Variante
Anstelle eines Buches kann man auch A5-Zeichenblätter (festes Papier) auslegen und wie folgt einladen:
Gestalte ein Blatt mit einem persönlichen Gebet, oder schreibe einen Text, der dir besonders gut gefällt, aus dem Gesangbuch oder einem der Gebetbüchlein ab.
Die Gebete/Texte können dann im Abschlussgottesdienst (Bußfeier) verwendet und/oder an einem geeigneten Ort in der Kirche das ganze Jahr hindurch aufgehängt werden.

STATION 6 – DAS LAND, IN DEM MILCH UND HONIG FLIESSEN

Präsentation

- Auf einem Tuch stehen Milch (z. B. Tetra-Pack) und verschiedene Arten von Honig (in Gläsern). Eine Schale mit Blumenerde, eine Gartenschaufel, eine kleine Schüssel mit Sonnenblumenkernen (keimfähig) sowie etliche Blumentöpfe aus Ton stehen bereit; auf den Blumentöpfen steht geschrieben: „Ich führe dich in das Land, in dem Milch und Honig fließen", entweder mit wasserfestem Filzstift, auf einer Banderole oder auf einem Etikett.

Impuls

Milch und Honig.
Heute nichts Besonderes: Im Supermarkt hat man mehrere Sorten zur Auswahl. Grundnahrungsmittel, um die man sich wenig Gedanken macht.
Doch die ersten Bücher der Bibel sind stark vom „Land, in dem Milch und Honig fließen" bestimmt. Das Volk Israel ist auf der Flucht vor den Ägyptern hinein in die Wüste. Dem Volk Israel ist ein Land versprochen worden, das weit ist und schön.
Ein fruchtbares Land. Für Nomaden, die in der Wüste ums Überleben kämpfen, ein Schlaraffenland, das Paradies.
Das Land der Verheißung. Dort, wo man gut leben kann.
Die Erfüllung aller Sehnsüchte. Leben in Fülle.

- Bist du auf dem Weg in das Land der Verheißung?
- Versuchst du dein Leben mit Sinn zu füllen?
- Welche Lebensziele hast du? Was erwartest du (noch) vom Leben? Kommen darin auch deine Mitmenschen oder Gott vor?
- Bist du von christlicher Hoffnung und Zuversicht geprägt, oder siehst du überall nur das Schlechte?
- Bist du dir bewusst, dass Gott alle deine Wege mitgeht und dich in das Land führt, in dem Milch und Honig fließen?

Schrifttexte Exodus 3,17; Offenbarung 21,1.3–6

Kreatives Element

Nimm einen kleinen Blumentopf und fülle ihn mit Erde.
Drücke drei Samenkörner in die Erde.
Nimm den Topf mit nach Hause, gieße regelmäßig, lass es wachsen.

Du sollst an deine Zukunft und deine Hoffnung erinnert werden, an das Land der Verheißung, in das Gott dich führen wird, an das Land, das blüht und grünt, an das Land, in dem Milch und Honig fließen.

ABSCHLUSS DES VERSÖHNUNGSWEGES

Der Abschluss erfolgt in ähnlicher Weise wie in den oben dargestellten Versöhnungswegen (s. S. 93 f.).

Einschub in das Versöhnungsgebet
Durch deinen Sohn Jesus Christus hast du uns Menschen befreit aus der Gewalt des Bösen und führst uns in das Land der Verheißung, in das Land, in dem Milch und Honig fließen, in das Leben in Fülle.

Dann folgt die Vergebungsbitte.

JESUS, MENSCHENSOHN

STATIONEN UND IMPULSE FÜR EINEN VERSÖHNUNGSWEG IN DER KIRCHE

Vorbemerkung
Dieser Versöhnungsweg ist inspiriert vom Ökumenischen Kreuzweg der Jugend 2008: „menschensohn". Die Texte sind entnommen aus dem Text- und Liedheft und zum Teil überarbeitet.

Vorbereitung
An den einzelnen Stationen sind Plakate mit den Kreuzweg-Bildern von Hans-Hilmar Seel, Kirchheim-Teck, zum Ökumenischen Kreuzweg der Jugend 2008 aufgehängt. Impulse, Schrifttexte, Gebete liegen an den Stationen bereit. Zusätzlich werden benötigt:

Station 4: Am Boden
- MP3-Player mit dem Lied „Jesus, der Menschensohn"
- Ein großes Plakat, auf das ein Kreuzzeichen gemalt ist. An den Kreuzbalken steht der Text
  „Jesus, der Menschensohn, kam nicht, sich bedienen zu lassen,
  Er diente anderen und setzte sein Leben ein, uns zu befrein."

(Alois Albrecht, aus: Textheft Jugendkreuzweg, S. 7)

Station 5: Taten
- Wäscheleine
- Wäscheklammern
- Quadratische Stoffstücke (ca. 30 x 30 cm)
- Stoffmalstifte oder Filzstifte

Station 6: Menschensohn
- Eine Bibel
- Stifte
- Kärtchen DIN A6 oder Postkarten mit Kreuzmotiv

Station 7: Gottes Sohn

- Eine Pinwand mit einem weißen Plakat
- In der Mitte des Plakats der bekannte Fingerabdruck, der bei näherem Hinsehen ein Gesicht zeigt (vgl. z. B. http://www.pi-villigst.de/fileadmin/paedagInstitut/PDF/Initiative_RU/ Plakat_4.pdf, S. 11)
- Bunte Stempelkissen

STATION 1 – DRUCK AUSHALTEN

Impuls
Der Druck wird verstärkt.
Auf JESUS.
Die Hände sind in Fesseln und der Daumen drückt drauf.
Wie lange dauert es, bis ein Mensch sich selbst aufgibt?
Jesus hält stand.

Der Druck wird verstärkt.
Auf PETRUS.
Petrus hatte Jesus gesagt: „Mein Leben will ich für dich hingeben."
Und jetzt? Petrus steht im Hof zwischen all den Leuten.
Und er sagt: „Nein, zu denen gehöre ich nicht!"
Der Hahn kräht.

Der Druck wird verstärkt.
Auch auf mich?
„Du glaubst an Gott? Dann beweise ihn!", höre ich andere sagen.
Wie schwer fällt es, beim Glauben zu bleiben,
wenn um mich herum nur das Greifbare zählt.
- Wer setzt dich unter Druck?
- Was setzt dich unter Druck?
- Wo setzt du dich selbst unter Druck?

Gebet
Jesus, Menschensohn.
Gib mir einen starken Glauben.
Verzeihe mir mein Zweifeln,
und hilf mir, zu dir und deinem Weg zu stehen.

Schrifttext Joh 13,36.18,12 f

STATION 2 – LAST TRAGEN

Impuls
Er hat das Kreuz aufgehoben.
Das Holz liegt auf Jesu Schulter.
Mit gekrümmter Hand umarmt er den Balken des Todes und schleppt ihn zum Ort seines Sterbens.

Sein Weg in den Tod ist eine Konsequenz seines Lebens:
Er hatte sich mit den Mächtigen seiner Zeit angelegt.
Für Menschen am Rande hatte er sich eingesetzt.
Menschengemachte Zwänge hatte er verurteilt.
Das hatte vielen nicht gepasst.
So wurde er ein Opfer von Intrige und Gewalt.

Jetzt geht Gottes Sohn seinen Weg unter der Last seines Kreuzes.
„Wer mein Jünger sein will, der verleugne sich selbst, nehme täglich sein Kreuz auf sich und folge mir nach!", hatte er gesagt.
Das ist nicht leicht.

- Wo bekomme ich Schwierigkeiten, wenn ich sage, was ich denke? Wenn ich tue, was ich für richtig halte?
- Was sind meine Lasten, mein Kreuz?
- Wo bekomme ich zu spüren, dass andere mir das Leben schwer machen oder meine Gedanken nicht gelten lassen?
- Belaste oder entlaste ich andere?

Gebet
Jesus, Menschensohn.
Mit dir will ich gehen. Von dir will ich lernen.
Damit ich erkenne, was gut und richtig ist.
Damit ich vermeide, was mir und anderen schadet.
Hilf mir, wenn es schwer wird in meinem Leben.

Schrifttext Joh 19,16–17

STATION 3 – ZUR SEITE STEHEN

Impuls
Mitten in der Menschenmenge drei Frauen.
Die Frauen schwimmen nicht mit dem Strom.
Sie treten heraus. Sie wenden sich zu Jesus.

Diese Frauen haben keine Macht, um etwas zu verhindern
– die Macht haben andere.
Sie haben keine Waffen, um sich in den Weg stellen zu können
– die Waffen haben die Anderen.
Sie haben keine gelehrten Worte
– die Worte haben die Anderen schon gesprochen.

Diese Frauen tun das, was sie noch tun können:
Sie zeigen ihre Tränen. Sie klagen um Jesus.
Sie schenken ihm freundliche Blicke. Sie zeigen Jesus ihre Liebe.
Sie zeigen, dass sie ihm zur Seite stehen.
Das erfordert Mut und Courage – damals und heute.

- Stelle ich mich auf die Seite der Leidenden?
- Mache ich den Mund auf, zeige ich, was ich denke und fühle?
- Schwimme ich mit dem Strom oder stelle ich mich auf die Seite des Menschensohnes?

Gebet

Jesus, Menschensohn.
Ich will dir zur Seite stehen.
Gesicht zeigen,
auch wenn ich mich lieber verstecken würde.
Den Mund auftun,
auch wenn meine Stimme nur schwach ist.
Ich weiß, dass ich dafür deine Hilfe brauche.

Schrifttext Lk 23,27

STATION 4 – AM BODEN

Präsentation

- Der Kehrvers des Liedes „Jesus, der Menschensohn" ist auf einem Tonträger gespeichert (z. B. MP3-Player, der an der Station aufliegt) und kann abgespielt werden.
- An der Station liegt ein großes Plakat, auf das ein Kreuz gezeichnet ist. An den Kreuzbalken ist der Text aufgeschrieben:
  „Jesus, der Menschensohn, kam nicht, sich bedienen zu lassen.
  Er diente anderen und setzte sein Leben ein, uns zu befrein."
- Bunte Filzstifte liegen bereit.

Impuls

Jesus liegt unter dem Kreuz.
Gestürzt.
Vor allen Menschen.
Niedergedrückt von der Last.
Hat das einen Sinn?
Ist das ein Mensch, durch den Gott sichtbar wird?

Gott ist Mensch.
Gott zeigt sich nicht darin,
unverletzlich und unangreifbar zu sein.
Er ist Mensch – er ist schwach, hier unter der Last des Kreuzes.

Auch ich bin ein Mensch.
- Kann ich meine Schwächen zeigen?
- Wem darf ich von meinem Versagen erzählen?
- Werde ich ernst genommen?
- Wo darf ich sein, wie ich bin?

Kreatives Element
Hör dir das Lied auf dem MP3-Player an: „Jesus, der Menschensohn". Wenn du willst, schreibe deine Gedanken zum Lied und zu dieser Station auf das Plakat.

Gebet
Jesus, Menschensohn.
Wenn ich schwach bin –
vor dir darf ich schwach sein.
Wenn ich kraftlos bin –
du lässt mich in mir neue Kraft entdecken.
Wenn ich am Boden liege –
du richtest mich wieder auf.

Schrifttext Jes 53,3a.4b.7a

STATION 5 – TATEN

Präsentation
- An dieser Station ist eine Wäscheleine gespannt; Wäscheklammern, quadratische Stoffstücke (ca. 30 x 30 cm) sowie Stoffmalstifte liegen bereit.

Impuls
Es wird erzählt, dass Jesus auf dem Weg zu seiner Hinrichtung einer Frau mit dem Namen Veronika begegnete. Sie nahm ihr Tuch und wusch ihm damit den Schweiß aus dem Gesicht.
So wie Veronika haben viele Menschen etwas für Jesus getan; andere haben gegen ihn gehandelt.

Geschenke habt ihr mir gebracht, damals im Stall.
Später sind mir viele gefolgt, haben mich in ihrem Haus aufgenommen und mich auf meinem Weg begleitet.
Das habt ihr mir getan.

Als es gefährlich wurde, seid ihr weggerannt.
Einer meiner Freunde hatte mich verraten, ein anderer kannte mich plötzlich nicht mehr. Auf der Straße spuckten und schlugen sie, und viele lachten mich aus.
Das habt ihr mir getan.

Einige von euch aber hielten sich zurück,
schwiegen, schauten von ferne zu und sagten zu sich:
Wir haben ihm doch gar nichts getan.

Eine Frau stand am Rand. Mutig kam sie auf Jesus zu.
Mit ihrem Tuch wischte sie ihm den Schweiß und das Blut vom Gesicht.
Das hat sie ihm getan.
Viele Menschen haben Jesus Gutes getan.
Andere taten ihm Böses.
Und wieder andere schauten nur zu.
○ Und was tust du?

Du meinst, du kannst gar nichts für oder gegen Jesus tun?

Gebet
Jesus, Menschensohn.
Du siehst mein Tun und Lassen,
meine Angst und Trägheit.
Du weißt, wie schwer es ist,
sich gegen die Masse zu stellen.
Gib mir auch in schwierigen Situationen den Mut, anderen Menschen zu helfen.
Gib mir ein offenes Herz,
um liebevoll auf andere zuzugehen.

Schrifttext Mt 25,40

Kreatives Element

Nimm ein Tuch, so wie es Veronika getan hat.
Lege deine Hand auf das Tuch und umfahre deine Hand mit dem Stift.
Überlege dir währenddessen, was du Gutes tust für deine Mitmenschen.
Hänge dein Tuch an die Wäscheleine.

STATION 6 – MENSCHENSOHN

Präsentation

- An dieser Station liegt eine Bibel mit Einmerkern bei den 4 Passionserzählungen der Evangelien bereit, außerdem Stifte und Kärtchen (Din A6) oder Postkarten mit Kreuzmotiv.

Impuls

Sie haben ihn
aufs Kreuz gelegt
festgenagelt, festgelegt, fixiert, etikettiert,
ausgehängt und ausgestellt
wie ein Stück Fleisch

Es gibt kein Entrinnen mehr
kein Ausweichen
kein Vor und kein Zurück

Sie haben ihm das Handwerk gelegt.
All das, was diese Hand getan hatte, aus und vorbei.
Kein zärtliches Streicheln mehr,
keine heilende Berührung,
kein behutsames Aufrichten,
keine Hand, die segnet.

Seine Hand ist durchbohrt.
Mit Wut, Zorn und Hass.
Blutrot.
Eine offene, verletzte, ausgestreckte Hand.
Die Hand Jesu.
Sie hält. Sie hält aus. Sie gibt Halt.

Schrifttext Mk 15,24–26.29–30

Zum Weiterdenken
Wenn du Zeit hast, lies die Passionserzählungen in den vier Versionen von Matthäus, Markus, Lukas und Johannes.

Kreatives Element
Die Leute sagten zum Gekreuzigten:
Hilf dir doch selbst und steig herab vom Kreuz!
- Was sagst du zum gekreuzigten Jesus?

Du bist eingeladen, deine Gedanken auf die bereitliegenden Kärtchen zu schreiben.

STATION 7 – GOTTES SOHN

Prästentation
- An dieser Station kann an einer Pinnwand ein weißes Plakat hängen; in die Mitte des Plakates kann der bekannte Fingerabdruck hineinkopiert sein, der bei näherem Hinsehen ein Gesicht zeigt.
- Die Versöhnungsweg-GeherInnen können um das Gesicht herum ihre eigenen Fingerabdrücke aufdrücken. Bunte Stempelkissen liegen dazu bereit.

Impuls
Am Kreuz stirbt Jesus.
Erschöpft und vornübergebeugt weicht das Leben aus ihm.

Als Jesus nach Jerusalem kam, hatten sie ihn wie einen König mit Palmen begrüßt. Erst wie einen König gefeiert, dann degradiert, gedemütigt und geschlagen.
Mit einer Dornenkrone verhöhnt und gefoltert.
Jesus, ein geschlagener König.

Blicke von Menschen treffen Jesus.
Er wird beobachtet, mitleidig beäugt, angegafft.
Wer Gewalt und Brutalität nicht mit ansehen kann, wendet sich ab.
Keiner möchte mit ihm tauschen.

Jesus am Kreuz.
Aus menschlicher Sicht ein qualvoller, sinnloser Tod.
Jesus, verlassen von seinen Freunden, verlassen von Gott.

Licht strahlt auf.
Jesu Tod erscheint in einem neuen Licht.
Kein sinnloser Tod.
Aus Gottes Sicht, ein Mensch, der sich für andere hingibt.
Ein Mensch, von dem sich Gott nicht abwendet.
Ja! Dieser Mensch ist Gottes Sohn!

Schrifttext Markus 15,33–34.37.39

Gebet
Lebendiger Gott.
Du lässt Menschen, die leiden, nicht allein.
Schreibe mir ins Herz, dass du bei mir bist.
Öffne mir die Augen für dein Mitgehen.
Wecke in mir die lebendige Hoffnung,
dass deine Liebe siegt.

Zum Weiterdenken
Gott wird handgreiflich – in Jesus, dem Christus, dem Menschensohn.
Gott gewinnt im wahrsten Sinne des Wortes Hand und Fuß.
Er lässt sich einfordern und macht sich konkret.
Aber er traut uns auch zu, dass wir an seinem Reich mitbauen.
Er legt Verantwortung in unsere Hände.
In meine Hände und in deine.

Nimm dir ein Projekt vor, ein kleines oder ein großes, nimm ein Projekt in die Hand.

- Wo willst du zupacken, um an seinem Reich mitzuwirken?
- Wo packst du Unrecht an und wandelst es in Recht?
- Wo hilfst du Gebeugten auf oder stützt Schwache?
- Nimm ein Projekt in die Hand – ganz verbindlich – und „unterschreibe“ mit Deinem Fingerabdruck auf der Pinnwand.

oder:

Nimm eine Kopie des Gebetes mit nach Hause; es soll dich an dein Projekt erinnern.
(Kopien des folgenden Gebetes liegen auf.)

Gebet
Hand anlegen

Gott hat keine Hände,
nur unsere Hände,
um seine Arbeit heute zu tun.

Er hat keine Füße,
nur unsere Füße,
um Menschen auf seinen Weg zu führen.

Christus hat keine Lippen,
nur unsere Lippen,
um Menschen von ihm zu erzählen.

Er hat keine Hilfe,
nur unsere Hilfe,
um Menschen an seine Seite zu bringen.

(nach einem Gebet aus dem 14. Jahrhundert)

ABSCHLUSS DES VERSÖHNUNGSWEGES

Gebet
Gott, Vater im Himmel, ich habe gegen dich, gegen meine Mitmenschen und gegen mich selbst gesündigt.
Aber durch deinen Sohn Jesus Christus, den Menschensohn, hast du uns Menschen befreit aus der Gewalt des Bösen.
Durch Christus am Kreuz hast du uns ent-Schuld-igt.
Befreie mich von meinen Sünden, Ängsten und Schwächen. Gib mir Einsicht in meine Fehler und den Mut mich zu ändern. Hilf mir, dir zu vertrauen und zu folgen, heute und alle Tage meines Lebens. Amen.

EIN VERSÖHNUNGSWEG IM ADVENT

ADVENTLICHE GESTALTEN

STATIONEN UND IMPULSE FÜR EINEN VERSÖHNUNGSWEG IN DER KIRCHE

Vorbemerkung

Auch die Adventszeit eignet sich dafür, einen Versöhnungsweg aufzubauen. Dafür spricht, dass die Menschen im Advent offener und empfänglicher für religiöse Themen sind als in anderen Jahreszeiten.

Allerdings ist die Vorweihnachtszeit schon vollgestopft mit den unterschiedlichsten Anlässen, Seelsorger, Mesner und mögliche Helfer sind meistens ausgebucht.

Die einzelnen Stationen lassen sich auch für adventliche Besinnungen oder für einen Bußgottesdienst verwenden.

An jeder Station ist ein Beispiel für ein kreatives Element beschrieben, die vielleicht nicht alle gleichzeitig dargeboten werden sollten.

Vorbereiten

Station 1

- Bastelmaterial
- Stifte

Station 2

- Evtl. Egli-Figuren
- Ausgeschnittene Sterne
- Stifte

Station 3

- Holzbausteine
- Evtl. eine Barbara-Statue
- Zweige von einem Kirschbaum oder Forsythienstrauch
- Gartenschere

Station 4

- Evtl. eine Nikolaus-Statue oder -Ikone
- Evtl. Geschenkpapier und Gaben für ein Hilfsprojekt

Station 5

- Material zum Basteln und/oder Verzieren von Kerzen
- Text: Legende der hl. Lucia

Station 6

- Eine Josefs-Statue oder eine weiße Lilie
- Eine Dose mit Plätzchen
- Kleine Plätzchentüten
- Schere, Schleifen
- Karten, evtl. mit dem Bild des hl. Josef

Station 7

- Egli-Figuren
- Text: Weihnachtsgeschichte Lukas 2,1–20, schön gestaltet
- Zierband

EINLADUNG AM EINGANG

In der Kirche ist ein Versöhnungsweg aufgebaut.
Adventliche Gestalten wollen dich ansprechen.
Wir laden dich ein, Ohren und Herz zu öffnen,
dein Leben zu überdenken
und deine Beziehung zu deinen Mitmenschen und zu Gott zu bedenken.
Wir laden dich ein,
nicht nur Plätzchen zu backen, Geschenke zu kaufen und ein feines Weihnachtsessen vorzubereiten,
sondern dich auch innerlich auf Weihnachten einzustellen.

STATION 1 – GABRIEL: HEBR. „GOTT IST STARK"

Präsentation

- Beim Ambo oder an einem Seitenaltar, an dem die Verkündigung der Geburt Christi durch Gabriel dargestellt ist. Bastelmaterial für die Herstellung von (einfachen) Engeln liegt bereit, ebenso Stifte.

Schrifttext Lukas 1,26–38

Impuls

Der Erzengel Gabriel tritt unerwartet bei Maria ein.
Ein Bote Gottes, ein Bote des Lichts.
Menschen, die mir begegnen, können solche Boten, können Engel sein.
Sie sprechen mich an, unerwartet, plötzlich, oft ohne Worte, bringen etwas in meiner Seele zum Klingen.
Sie sind für mich da, stehen mir zur Seite, geben mir Selbstvertrauen, reißen mich heraus aus der Mutlosigkeit.
Sie erfüllen mein Leben mit Freude und Licht, stärken meinen Glauben, mein Gottvertrauen, geben mir Kraft zum Lieben.
Engel sind Boten Gottes, Boten des Lichts.

- Welche Engel sind mir in der letzten Zeit begegnet?
- Habe ich mich ansprechen lassen, bin ich offen für Gottes Botschaft?
- Kann ich ja zu dem sagen, was Gott mit mir vorhat, kann ich ja zu meinem Leben sagen?
- Es müssen nicht Männer mit Flügeln sein … auch ich kann ein Engel für andere werden. Wie?

Kreatives Element

Bastle aus dem Material einen Mutmachengel! Verschenke ihn an einen Menschen, der einen Engel nötig hat. Du kannst einen lieben Gruß oder einen Wunsch auf den Engel schreiben.

STATION 2 – JOHANNES: HEBR. „GOTT IST GNÄDIG"

Präsentation

- Für Johannes, den Täufer, eignet sich der Taufstein gut.
- Die Station kann bis zum Fest der Taufe des Herrn stehen bleiben und evtl. noch ergänzt werden durch weitere Impulse. Wenn eine Egli-Figur für Johannes verwendet wird, kann man ihm dann den (erwachsenen) Jesus, der sich von ihm taufen lässt, dazu stellen.
- An der Station liegen ausgeschnittene Sterne und Stifte auf.

Schrifttext Lukas 3,1–18

Impuls

Die Leute fragen Johannes: „Was sollen wir tun?"
Frag auch du Johannes: „Was soll ich tun?"
Vielleicht gibt es eine Situation, eine Krise oder ein Problem, wo du nicht weiter kommst – frag doch Johannes!
„Was soll ich tun?"
Was wird Johannes dir antworten, ganz konkret, ganz praktisch?

Kreatives Element

Nimm einen Stern und schreib darauf ein Wort oder einen Satz aus dem Evangelientext (Lukas 3,1–18). Hänge den Stern daheim an einen Ort, wo du immer wieder vorbeikommst. Der Stern wird dich immer an die Antwort des Johannes erinnern.

Schriftwort Matthäus 3,11

Zum Weiterdenken

Bereitet dem Herrn den Weg!
Füllt auf die Schluchten eurer Vorurteile und eures Misstrauens, die Kluften eurer Ängste und Sorgen.
Füllt sie auf mit Vertrauen und Zuversicht, mit Hoffnung und Lebensfreude.
Tragt ab die Berge von Hass und Streit, von Lieblosigkeit und Egoismus, von Neid und Gleichgültigkeit!

Denk daran:
Du bist getauft – nicht nur mit Wasser, sondern auch mit Heiligem Geist und Feuer,
du bist getauft mit dem Feuer des Heiligen Geistes!

Was brennt von diesem Feuer noch?
Hat es jemals gebrannt?
Lass seine Flamme auflodern in deinem Leben,
so dass sie alles Böse und alle Angst verbrennt.
Entdecke die Glut unter der Asche!
Bereite dem Herrn den Weg, ebne ihm die Straßen!
Und du wirst das Heil sehen, das von Gott kommt!

STATION 3 – BARBARA: LAT. „DIE FREMDE"

Präsentation

- Ein Turm (z. B. aus Holzbausteinen), vielleicht eine Barbara-Statue, ein großer dunkler Stein. Gut wäre: Kohle; in einer großen Vase ein oder mehrere Barbara-„Äste", von denen ein Barbarazweig abgeschnitten werden kann, eine Gartenschere.

Impuls

Barbara – die Fremde, die Ausländerin, die Barbarin.
Wir wissen wenig von ihrem Leben, ihr Leben ist uns weitgehend fremd.
Der Legende nach vom eigenen Vater in den Turm gesperrt, um ihren Willen zu brechen. Man erzählt sich auch, dass sich in ihrem Gewand ein Zweig verfangen hatte, der dann im Gefängnis-Turm zu blühen begann.

Ich bin im Turm gefangen,
eingesperrt von Sorgen, Angst, Fehlern, Versagen.

Oder bin ich derjenige, der die Barbara in den Turm zwingt,
der Andersdenkende, Fremde, Ausländer, Flüchtlinge einsperrt,
nicht rauslässt aus dem Turm,
aus dem Gefängnis meiner Vorurteile, der Stammtischparolen, der kollektiven Angst und des Misstrauens?

Wir wissen wenig von der heiligen Barbara, es ist nicht viel überliefert, wir können sie gar nicht besser kennen.
Aber die Fremden, die „barbares", denen wir begegnen, die könnten wir besser kennen lernen; oft genügt ein Lächeln, ein freundlicher Blick, eine aufmunternde Geste.

Oder bin ich fremd?
Bin ich mir fremd?
Bin ich der Kirche, bin ich Gott fremd?
Bin ich dem Glauben fremd, entfremdet?

Kreatives Element
Schau den Barbarazweig an!
Es gibt Hoffnung. Die Zukunft wird blühen!
Schneide einen Barbara-Zweig ab. Nimm ihn mit nach Hause und stelle ihn ins Wasser, oder verschenke ihn.

STATION 4 – NIKOLAUS: GRIECH. „SIEGER DES VOLKES"

Präsentation

- Vielleicht kann eine Nikolaus-Statue oder eine Nikolaus-Ikone besorgt werden.
- Diese Station lässt sich gut mit einem Weihnachts-Pfarreiprojekt verbinden, z. B. mit Geschenkpapier Gaben für z. B. ein Waisenhaus in Rumänien einpacken oder ein Flüchtlingsprojekt; man kann an die Station auch eine Liste legen, auf der steht, was man noch braucht, mit der Bitte, dies im Pfarrbüro abzugeben. Oder man kann einfach nur einen Einzahlungsschein auslegen.
- Man muss sich gut überlegen, welches Material man in der Kirche deponiert.

Impuls
Wer war Nikolaus?
Bischof von Myra. Die Eltern starben an der Pest. Das gesamte geerbte Vermögen verschenkt er an die Armen. Mehr als 40 Berufsgruppen beanspruchen ihn als ihren Schutzpatron.

Wer ist Nikolaus?

- Der Weihnachtsmann aus der Coca-Cola-Werbung, der mit weißem Wallebart, roter Zipfelmütze und mit seinem unverkennbaren „Ho ho ho …!" Stimmung auf jeder Weihnachtsparty (ja, schon im Advent) macht …
- … oder auch der heilige Nikolaus, der uns anleitet zu Ehrfurcht und Respekt gegenüber Gott und den Menschen?

- Der pädagogisch missbrauchte Kinderschreck, der mit Rute, goldenem Buch und seinem schwarzen Begleiter Knecht Ruprecht (Krampus, Schmutzli ...) die Kinder das Fürchten lehrt ...
- ... oder auch ein Vermittler christlicher Werte wie Nächstenliebe und Gottvertrauen?

- Ein faszinierender Werbegag, der als Schoko-NIKOSTERHASELAUS (beide sind austauschbar und schmecken ähnlich) oder als kitschige rot leuchtende Weihnachtsdekoration für Garten oder Schaufenster die Kassen klingeln lässt ...
- ... oder auch ein frommer Mann, der sein Leben und alles, was er hat, mit den Menschen teilt?

- Einer, der die Koffer packen müsste, zumindest wenn es nach denen geht, die heute wieder schreien „Ausländer raus!“, weil Myra ja heute Demre heißt und am Mittelmeer in der Türkei liegt, 70 km südwestlich von Antalya, und weil er stört, verstört, wie die meisten Ausländer ...
- ... oder ... aber vielleicht ist er schon längst aus den Herzen der meisten Christen verschwunden, wurde ausgewiesen, nach Kitschistan verbannt?

- Der nette Kinderheilige, der einfach zu einem gemütlichen und besinnlichen Advent dazugehört, der auch die Augen mancher Erwachsener zum Leuchten bringt, weil er überall Liebe und Frieden verbreitet ...
- ... oder auch der Theologe, der den Beinamen „Bekenner“ trägt, weil er in der Christenverfolgung unter Kaiser Galerius (um 310) im Gefängnis grausam gefoltert wurde, so dass die Folternarben noch 15 Jahre später zu sehen waren, als er auf dem Konzil von Nicäa (325) zusammen mit anderen Bischöfen die Wesensgleichheit der drei göttlichen Personen (Vater – Sohn – Heiliger Geist) verteidigte?

Wer ist Nikolaus für mich?
Vielleicht wirft diese Frage und wie ich sie beantworte weitere Fragen auf:

- Was bedeutet Advent für mich? Hektik und Stress, Besinnung und zur Ruhe kommen, Tradition und Brauchtum, überflüssiger Firlefanz, innere Vorbereitung auf Weihnachten?

- Wer ist Jesus Christus für mich? Wie Nikolaus eine Märchengestalt für Kinder und Alte, herziger „holder Knabe im lockigen Haar", der sentimentale Gefühle hervorruft, oder wirklich der Christus, der Retter (Jesus = hebr. „Gott rettet"), der Erlöser, Heiland, der etwas mit meinem Leben zu tun hat, der mich zum Leben in Fülle befreit?

Kreatives Element
Packe ein Päckchen für unser Pfarreiprojekt in Rumänien!

STATION 5 – LUCIA: LAT. „DIE LICHTVOLLE"

Präsentation
- Beim Adventskranz. Material für Kerzenbasteln liegt bereit, z. B. Kerzen verzieren mit Verzierwachs, oder Bienenwachsplättchen und Kerzendochte, oder Wachsgranulat, Dochte und Kerzenformen.

Legende
Die heilige Lucia gehörte bereits im Altertum zu den beliebtesten Heiligen. Der Legende nach soll die aus Syrakus stammende junge Frau „ewige Jungfräulichkeit" für Christus gelobt haben, weshalb sie von ihrem Bräutigam als Christin angeklagt wurde. Sie wurde gefoltert und durch einen Schwertstich in den Hals getötet, wahrscheinlich in der Christenverfolgung unter Kaiser Diokletian um das Jahr 303. Das Auffinden ihres Grabes hat die Historizität ihres Lebens belegt.
Ihr Namenstag am 13. Dezember und ihr Name (Lucia – die Leuchtende, die Lichtvolle) gaben wohl den Anlass für das zahlreiche Lucia-Brauchtum mit Lichtsymbolik. In Schweden tritt heute noch am 13. Dezember die „Lussibrud" (Lucienbraut) auf: ein weißgekleidetes Mädchen, das einen Kranz mit brennenden Kerzen auf dem Kopf trägt und einen weiteren solchen Kranz in der Hand hält.

Impuls
Advent
Licht und Dunkel
Verzweiflung und Hoffnung

Gut und Böse
Advent

Unser Leben verläuft zwischen Licht und Dunkel, Verzweiflung und Hoffnung, Gut und Böse, unser Leben ist Advent, Erwartung.
In diesem Leben können „Lichtmenschen" wie die heilige Lucia, die in einer dunklen Zeit zu ihrer Überzeugung stand und für Christus ihr Leben hingab, Vorbilder sein. Sie können uns ermutigen, zum Glauben zu stehen.

Zünde eine Kerze am Adventskranz an.
Schau in ihr Licht.
Nimm ihr Leuchten in dich auf,
lass dich erleuchten, werde Leuchten, werde Lucia, werde Lucius.

- Wo bin ich „Lichtmensch", Licht für andere, Hoffnung und Zuversicht, Liebe und Wärme?
- Und wo bin ich „Dunkelmensch"?
- Wo ist mein Leben dunkel, voller Schmerzen, Angst und Sorgen?
- Was bringt Licht in mein Leben, Freude und Lachen, Glück und Geborgenheit, Heimat und Frieden?

Dunkelmensch – Blutmensch – Gewaltmensch
oder
Lichtmensch – Hoffnungsmensch – Christenmensch?

Kreatives Element
Bastle eine Kerze. Zünde sie für einen Menschen an oder verschenke sie.

STATION 6 – JOSEF: HEBR. „GOTT MÖGE HINZUFÜGEN"
– oder (sehr frei übersetzt): „Gott schenkt"

Präsentation

- Beim Josefsaltar; ansonsten findet sich sicher eine Josefs-Statue; oder die Station einfach mit einer weißen Lilie (Orchidee) schmücken, die ja ein Attribut (Erkennungszeichen) des Heiligen ist.
- Außerdem eine Dose mit Plätzchen sowie kleine Plätzchentüten oder Cellophanbeutelchen, in denen etwa 3 Plätzchen Platz haben, Schere, Schleifen, evtl. einfache Karten, z. B. mit dem Bild des heiligen Josef.

Schrifttext Mt 1,18–24

Impuls

Josef sagt nichts im Neuen Testament.
Er ist kein Mann vieler Worte.
Er handelt.
Er ist ein Mann der Tat, der lieber seine Hände gebraucht als seinen Mund, eben ein Handwerker.
Er tut, was getan werden muss, was er für richtig hält, was ihm der Engel Gottes aufträgt:
Er nimmt Maria zu sich, obwohl sie nicht von ihm schwanger war.
Er nimmt Maria in Schutz.
Er packt sofort die Sachen ein und flieht mit Maria und dem Baby nach Ägypten.
Er schützt die Familie.
Er geht nach Betlehem, um sich eintragen zu lassen.
Er hält sich an Recht und Ordnung, er hält sich an das Gesetz.
Er ist ein Mann der Tat, der einfach handelt.
Und doch ist er sensibel für seine Träume, für den Engel, für Gott.

Und ich?

- Stehe ich zu meiner Maria, oder wie sie heißt?
- Stehe ich zu den Menschen, mit denen ich das Leben teile?
- Stehe ich zu dem, was Gott mir sagt?
- Bin ich sensibel für Gottes Wort?

Und wenn ich meine Taten anschaue:

- Stimmen sie mit meinen Worten überein?
- Sind es gute Taten?
- Will ich mit anpacken, dass das Reich Gottes Wirklichkeit wird?

Kreatives Element

Vielleicht gibt es in meiner Alltagsumgebung einen Josef, einen Menschen, der ohne viel zu sagen einfach das Richtige tut, der hilft, schafft, sich einsetzt, im Stillen arbeitet.
Vielleicht könnte ich ihm danken, ihm Gottes Segen wünschen.

Du darfst eine Tüte mit drei Plätzchen für Josef einpacken.
Außerdem darfst du ihm eine Karte schreiben.

STATION 7 – MARIA: HEBR. „GELIEBTE GOTTES"

Präsentation

- Beim Marienaltar; oder eine Marienstatue hinstellen, die sonst selten oder nie gebraucht wird.
- Oder mit Egli-Figuren die Begegnung Marias mit Elisabeth gestalten.
- Schöne Blätter (oder auch weiße Blätter mit Stiften zum Verzieren, Bemalen) mit Kopien der Weihnachtsgeschichte (Lk 2,1–20) sowie Zierband für das Zubinden der Schriftrolle liegen auf.
- Diese Station kann auch gut mit dem Brauch des „Frauentragens" verbunden werden (evtl. Hinweise dazu auflegen).

Schrifttext Lk 1,39–56 (Magnifikat)

Impuls

Maria trägt Jesus unter ihrem Herzen.
Sie bringt den Christus zur Welt.
Sie bringt Gott zur Welt.
Der Mächtige hat Großes an ihr getan.

Zuvor trägt sie ihn zu Elisabeth,
holt Rat und Trost bei ihrer Verwandten,
Johannes und Jesus begegnen sich,
Johannes hüpft vor Freude,
das spürt Elisabeth.
Gebenedeit ist die Frucht deines Leibes!
Und Maria antwortet:
Magnifikat.
Meine Seele preist die Größe des Herrn.
Der Mächtige hat Großes an mir getan.

Das Wort „Magnifikat" kommt von „magnum facere" – lat. „groß machen".
Was hat Gott Großes an mir getan?
Gott schaut mich an.
Er erhebt mich, macht mich nicht klein, er erniedrigt mich nicht, er macht mich groß.
Ich bin ihm wertvoll, wichtig.
Ich bin sein Ebenbild.

Meine Aufgabe ist es, ihn zur Welt zu tragen, Gott zur Welt zu bringen –
nicht, indem ich ihn als Kind zur Welt bringe wie Maria.
Aber auch ich soll Christus zur Welt bringen,
indem ich ihn in mir geboren werden lasse,
ihn in mir wachsen lasse,
ihn in mir groß werden lasse.

Lasse ich andere groß werden?
Traue ich den Menschen, mit denen ich mein Leben teile, etwas zu?
Vertraue ich ihnen?
Oder mache ich sie nieder, mache sie klein?

Kreatives Element

An Weihnachten macht sich Gott klein. Als Kind in der Krippe lächelt er mich an. Die Weihnachtsgeschichte erzählt davon.
Vielleicht kann ich die Weihnachtsgeschichte einer Einzelperson, einem Paar oder einer Familie schenken. Einfach das Blatt mit dem Bibeltext einrollen und um die Schriftrolle ein Band mit Schleife binden!

ABSCHLUSS DES VERSÖHNUNGSWEGES

Präsentation

◦ Vor der leeren Weihnachtskrippe liegt folgendes Gebet auf:

Gebet

Herr, ich warte auf dein Kommen.
Ich sollte dir den Weg bereiten,
ich sollte leben wie die Heiligen,
die uns im Advent zeigen,
wie man dir den Weg bereiten kann.
Ich habe es versucht.
Aber ich bin immer wieder gescheitert.
Ich habe gesündigt, in Gedanken, Worten, Werken.
Es tut mir leid.
Aber du wirst kommen,
du kommst auch zu mir.
Ich will mich bessern
und mich auf deine Ankunft vorbereiten.
Bitte vergib mir meine Sünden.
Schenke mir einen neuen Anfang,
und befreie mich zum Leben.
Im Namen des Vaters und des Sohnes und des Heiligen Geistes.
Amen.

ANHANG

HANDREICHUNG FÜR WEGBEGLEITER AUF DEM VERSÖHNUNGSWEG

Liebe Gesprächspartnerin,
Lieber Gesprächspartner

Sie haben sich dazu bereit erklärt, ein Kind auf dem Versöhnungsweg zu begleiten.
Für Ihre Unterstützung und Mithilfe danke ich Ihnen ganz herzlich.
Mit dieser Wegleitung möchte ich Ihnen Ihre Aufgabe erläutern.

Was ist der Versöhnungsweg?
Der Versöhnungsweg ist eine alternative Form der Buße, bei der die Beziehung im Vordergrund steht. Ein Kind hat Sie als Gesprächspartner ausgewählt. In einer Atmosphäre des Vertrauens führen Sie ein Gespräch über sein Leben, über Sorgen, Ängste und Schuld, aber auch über gelingende Erfahrungen. Diese Erfahrungen werden in einem außergewöhnlichen Rahmen vor Gott getragen. An verschiedenen Stationen in der Kirche und im Pfarreizentrum erhalten Sie dazu immer wieder Gesprächsimpulse.
Im Gottesdienst am Abend feiern wir, dass Versöhnung ein Geschenk Gottes ist, der uns annimmt und begleitet – in unserem Leben als Einzelne und in Gemeinschaft.

Was sollten Sie beim Versöhnungsweg beachten?
Das Gespräch ist
- kein Abfragen von allem Möglichen, und auch kein Aufzählen von „Sünden“;
- kein Verhör! Es gibt weder Richter noch Angeklagte, und somit auch kein Urteil;
- kein Versuch, das Kind zu ertappen, in die Falle zu locken, oder so lange zu bohren, dass es sagt, was es eigentlich nicht sagen will.

Im Versöhnungsgespräch darf das Kind sagen, was es bewegt und beschäftigt. Sie reden mit ihm über seine Stärken und über seine Schwächen. Sie suchen mit ihm nach Möglichkeiten, wie es damit umgehen kann. Gemeinsam beten Sie mit ihm und legen alles Erfreuliche und Belastende in Gottes Hand.

In diesem Sinne will das Gespräch sein

- ein ehrliches Gespräch zwischen Partnern,
- eine Einladung, Fragen, Nöte, persönliche Schwierigkeiten zur Sprache zu bringen,
- eine Hilfe, eigene Fehler und Sünden anzusprechen, um so spüren zu können, dass jemand das erkannte Unvermögen oder Versagen mitträgt,
- ein geschützter Raum, in dem alles Ausgesprochene zurückbleibt und nicht hinausgetragen wird.

Ist es nicht schwierig, ein solches Gespräch zu führen?

Zugegeben, alles Neue braucht ein klein wenig Mut. Alles Neue schafft Unbehagen. Aber bedenken Sie: Weil das Kind Sie als Gesprächspartner oder Gesprächspartnerin gewählt hat, haben Sie bereits sein Vertrauen.

Kann da viel schiefgehen?

Und außerdem: Das Gelingen des Gesprächs ist letztlich nicht unsere Leistung, sondern Geschenk.

Gerne möchte ich Ihnen Mut machen, einen jungen Menschen zu begleiten auf einem Weg, wo sich die Erfahrungen des Alltags verdichten, wo wir Zeichen setzen und Zeichen erhalten: dass wir von Gott angenommen sind, ohne Wenn und Aber.

Ablauf des Versöhnungsweges

- Vormittag:
  Kommen Sie bitte pünktlich zur vereinbarten Zeit mit dem Kind ins Pfarreizentrum. Sie brauchen etwa eine knappe Stunde für die Stationen.
- Abend:
  Versöhnungsgottesdienst mit der ganzen Pfarrei um 17.30 Uhr in der Kirche
  anschließend: Versöhnungsfest.

Falls Sie noch Fragen haben, dürfen Sie gerne Kontakt mit mir aufnehmen.

Nochmals vielen Dank und liebe Grüße

LIEDER UND TEXTE ZUM THEMA „HIMMEL“

Refrain des Liedes „Ein Stück vom Himmel“ von Herbert Grönemeyer (s. z. B. www.songtexte.com)

Refrain des Liedes „Himmel auf“ von Silbermond
(s. z. B. www.songtexte.com)

Halt an, wo laufst du hin?
Der Himmel ist in dir!
Suchst du Gott anderswo,
du fehlst ihn für und für.

(Angelus Silesius)

Ein Himmel
So miteinander wandern,
Dass eins das andre trägt,
Dass eines fühlt vom andern,
Was ihm das Herz bewegt, –
So füreinander leben,
Dass strebend alle beid‘
Sich gegenseitig beben
Zur wahren Menschlichkeit, –
Im lauten Weltgetümmel
Ein stilles „Hand in Hand“, –
Ist das nicht schon ein Himmel
Im Erdenland?

(Emil Besser)

Wenn man den Sternenhimmel betrachtet,
steht eine Schönheit vor uns auf,
die uns entzückt und beseligt.
Und es wird ein Gefühl in unsere Seele kommen,
das alle unsere Leiden und Bekümmernisse
majestätisch überhüllt und verstummen macht
und uns eine Größe und Ruhe gibt,
der man sich andächtig und dankbar beugt.

(Adalbert Stifter)

Himmel:
ein Ort, wo die Bösen aufhören,
dich mit ihren persönlichen Angelegenheiten
zu behelligen, und wo die Guten aufmerksam zuhören,
wenn du deine Angelegenheiten darlegst.
(Ambrose Gwinnet Bierce)

Unser Herz
kann wie ein kleiner Himmel sein,
aber es läßt sich in uns
auch eine Hölle einrichten.
(Phil Bosmans)

Der Himmel liegt nicht über uns,
sondern vor uns als Aufgabe,
als Möglichkeit,
die schon hier in der Welt beginnt.
(Franz Kamphaus)

Im Himmel
werden wir uns über drei Dinge wundern.
Erstens: Menschen zu treffen, die wir dort nicht erwartet haben.
Zweitens: Menschen nicht zu sehen, die wir dort erwartet hätten.
Und drittens: uns selbst dort zu treffen.
(Voltaire)

Der Himmel auf Erden
wird durch die rechte Einstellung
zu den Kleinigkeiten des Alltags geschaffen.
(Prentice Mulford)

Lass den Himmel
sich auf der Erde widerspiegeln,
auf dass die Erde
zum Himmel werden möge.
(Dschelal ed-Din Rumi)

VERWENDETE LITERATUR

- *Arnold, Markus:* Die Bußfeier. Theologie – Modelle – Meditationen. Luzern 1998
- *Arnold, Markus:* Wege der Versöhnung. Grundlagen und Modelle der Bußpraxis in Kinder-, Familien- und Gemeindekatechese. Luzern/Stuttgart 2004
- *Arnold, Markus/Graf, Karl/Lottaz, Angelo/Zosso, Beat:* Bußwege und Versöhnungsfeiern. Luzern 2010
- *Brandl, Marianne:* Versöhnungswege in der Firmvorbereitung, in: Katechetische Blätter, 137. Jahrgang. Heft 1, Januar/Februar 2012
- *Gemeinsame Synode der Bistümer in der BRD, Offizielle Gesamtausgabe I, Freiburg u.* a. 1976, Beschluss „Unsere Hoffnung".
- *Grün, Anselm:* Vergib dir selbst (Münsterschwarzacher Kleinschriften, Band 120), 7. Aufl. Münsterschwarzach 2010
- *Hilberath, Bernd Jochen:* Buße als christlicher Grundvollzug, in: Deutscher Katecheten-Verein e.V.: Materialbrief GK 2/2000. Bausteine für die Gemeindekatechese. Beiheft zu den Katechetischen Blättern. München 2000
- *Hofrichter, Claudia/Färber, Elisabeth/Vogelmann, Wilfried:* Ich glaube. Jugendbuch zur Firmvorbereitung. München 1994
- *Hofrichter, Claudia/Färber, Elisabeth/Vogelmann, Wilfried:* Ich glaube. Handreichung zur Firmvorbereitung. München 1994
- *Hofsümmer, Willi (Hg.):* Und er umarmt dich. Geschichten von Schuld und Versöhnung. Mainz 2001
- *Jugendhaus Düsseldorf – Bundeszentrale für katholische Jugendarbeit (Hg.):* menschensohn. Ökumenischer Kreuzweg der Jugend 2008. Texte & Lieder. Düsseldorf 2007
- *Lenz, Hubert:* Ein neuer pfarrlicher Weg der Umkehr, Buße und Versöhnung, in: Volgger, Ewald/Urban, Albert (Hg.): Liturgie und Versöhnung. Wege des Heils. Trier 2011, S. 170–183
- *Lutz, Bernd:* Dem Leben dienen – Überlegungen zu einem christlichen Umgang mit Sünden und Schuld, in: Materialbrief Gemeindekatechese 1/2012. Neue Wege zur Versöhnung. Ideen und Materialien für Jugendliche und Erwachsene.

- *Meierhof, Jens (Hg.):* Bußgottesdienste. Versöhnungsfeiern im Jahreskreis und zu besonderen Anlässen. Regensburg 2013
- *Mittnacht, Elisabeth:* Bußgottesdienste. Modelle und Anregungen. Freiburg im Breisgau 2010
- *Müller, Wunibald:* Schuld und Vergebung. Befreit leben. Freiburg im Breisgau 2005
- *Nuener, Christian/Lesky, Martin (Hg.):* Vergib mir, wie auch ich vergebe. Bußfeiern und Versöhnungsgottesdienste. Modelle. Texte. Symbole. Innsbruck 2008
- *Pfulg, Franz:* Versöhnungsweg. Eine Einladung. Luzern 2012
- *Schlereth, Reinhard:* Ich fang neu an jeden Tag. Bilder, Geschichten, Lieder und Texte zum Tagesbeginn in der fünften und sechsten Jahrgangsstufe. Donauwörth 2005
- *Werlen, Martin:* Miteinander die Glut unter der Asche entdecken. Kloster Einsiedeln, 5. Auflage 2012